U0476484

图注 玉髓真经

传统数术名家精粹

[一叶知秋、一针见血、胸罗千载、面转乾坤]

风水

汇集中国历代大师、风水典籍的实用风水精华

汉高祖坟

宋朝风水大师张子微的代表作

学风水者，峦头为先，学峦头者，必看之书

乾坤河洛鼎

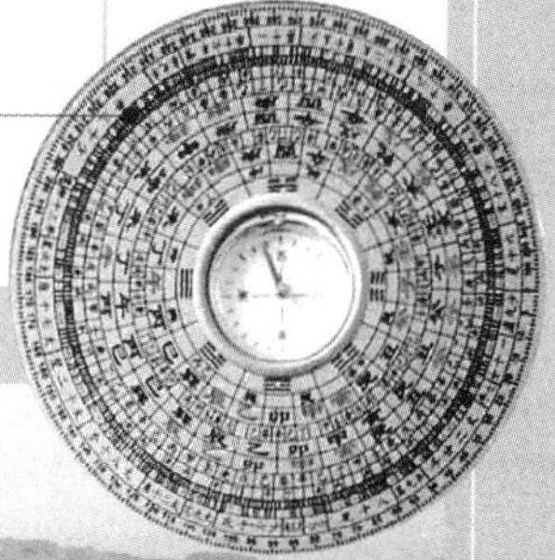

罗盘
经天纬地的罗盘是堪舆风水的必备工具

(宋) 张子微◎著

杨金国◎点校

刘保同◎主编

内蒙古人民出版社

倒骑龙穴全景图。龙脉结穴不居于尽处叫骑龙穴。一般有三种，如坐来山作穴，以去山为案为顺骑龙穴。以来山作案，反于去山作穴为倒骑龙穴。以中间一山横作穴。扯左右来去之山作龙虎为横骑龙穴。顺骑以尽处为官星，倒骑以尽处为鬼星，横骑以尽处为缠护。

图书在版编目(CIP)数据

玉髓真经/(宋)张子微著. -呼和浩特:内蒙古人民出版社,2010.5(2021.12重印)

(传统数术名家精粹/刘保同主编)

ISBN 978-7-204-10506-9

Ⅰ.①玉… Ⅱ.①张… Ⅲ.①风水-中国-古代 Ⅳ.①B992

中国版本图书馆 CIP 数据核字(2010)第 090339 号

传统数术名家精粹

玉髓真经

(宋)张子微 著

责任编辑	王继雄
封面设计	宋双成
出版发行	内蒙古人民出版社
地　　址	呼和浩特市中山东路8号波士名人国际B座5层
印　　刷	呼和浩特市圣堂彩印有限责任公司
开　　本	710×1000　1/16
印　　张	16
字　　数	220千字
版　　次	2010年12月第1版
印　　次	2021年12月第5次印刷
书　　号	ISBN 978-7-204-10506-9
定　　价	29.80元

如出现印装质量问题,请与我社联系。联系电话:(0471)3946120　3946173

出版前言

五千年的文化长河中，有一支渊源流长，而且历代备受推崇，充满神秘色彩的术数文化，一直是中华传统国学文化的重要组成部分。在我国历史的社会生活中占有很重要的地置，对中华民族的和谐发展有着不可磨灭的贡献，它所包含的内容体系博大精深，大至宇宙天地，小至一草一木，上至治国安邦，下至百姓生活。风水就是术数文化的一个分支。

风水的起源，可以追溯到远古洪荒时代。先民们面对洪水的泛滥，开始运用智慧择地而居。此后，风水的发展演变，大致经历了先秦孕育时期、秦汉萌芽时期、魏晋发扬时期、唐宋成熟盛行时期、元代低落时期、明清流传繁荣时期。

"葬乘生气"这一风水理论精髓，也成为几千年来各派风水学家们保持不变的运用原理和宗旨。魏晋之前，相地、相宅、相墓主要在士大夫、达官贵族等上层阶级流行传开，广大百姓无缘问及，风水作为皇家术只为官僚阶层服务。随着郭璞《葬书》的问世，风水理论的提出，风水术开始大行其道，已不再是上层官宦阶层的专利。

风水领域，名人辈出，著述甚多，为风水理论的形成和发展作出了重大贡献。到目前公认东晋的郭璞是历史上第一个给风水定义的人，被尊为风水鼻祖，所著《葬书》其明确的思想体系及理论精髓一直为风水界遵从和应用。唐杨筠松著《疑龙经》、《撼龙经》等，以其理论与实践同辉的非凡造诣成为无可置疑的旷古大师，发展了他的形派理论。

宋国师张子微，对风水做出了不可磨灭的贡献。根据多年掌管皇家风水档案的阅历和研习风水典籍的体会，将汉至唐1000多年间帝王将相的名墓和风水得失详加列举，并利用五行生克制化，传承辩证的方法系统分析著成《玉髓真经》一书，此书一问世便成为风水实践中具有指导意义的不朽名著，对后世的风水师产生了深远影响。此书又经宋刘允中注释，宋蔡元定发挥更是锦上添花。全书虽然操作实例不多，但出手不凡，其著述中显露出对风水的认知深不可测，理论高度让后人惊叹不已。由于此书一直传递于宫闱，世间罕有刊布。其中大量的山川图景，刻画比较正规。对于后世研究以前地理环境有重要的参考作用。

天人合一，阴阳调和，人与自然的和谐相处，这是中国术数的理论核心。回首我与中国传统术数文化的缘分，回想我走上术数研究、应用的人生道路，感慨万千。让古老的术数文化福佑天下百姓，福惠千家万户，造福子孙后代的心愿时时在我的心中生荡漾，产生了我人生为之而奋斗的精神力量。传承和发展，任重而道远，路漫漫其修远兮，吾将上下而追寻。感念我数十年生根于心中的这个愿望，也正是这个愿望陪伴着我走过坎坷，走向辉煌。也由于这种愿望，我和我的同仁们在学习、研究中完成了这套书的的点校编写工作。由于世间仓促和本人水平所限，在成书之际，难免会存在一些问题，在此，欢迎各界朋友和业界同仁望能及时反馈联系，以利再版修订完善，在此表示感谢。

愿博大精深的中国术数，能够为你带来吉祥；愿国学经典术数著作，为你打开新的人生之门！

目 录

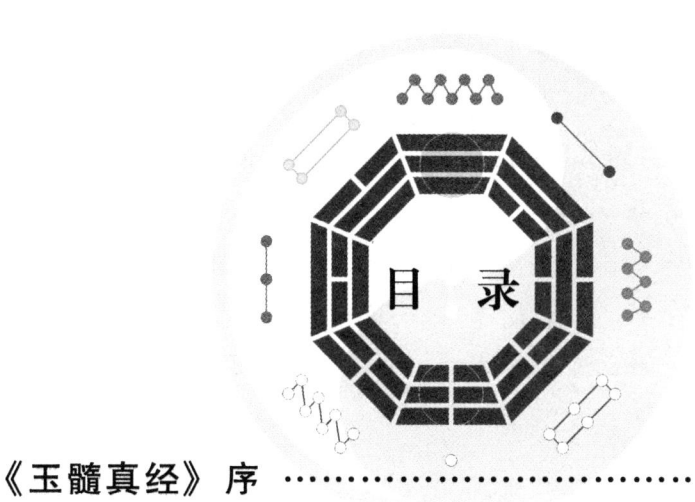

《玉髓真经》序 …………………………………………… 1

《玉髓真经》总序 ………………………………………… 3

玉髓经发挥序 ……………………………………………… 4

玉髓真经 …………………………………………………… 7

五星龙髓第一 ……………………………………………… 7

水　星 ………… 20	淘土水 ……… 29	焰天火 ……… 36
天门水 ……… 20	淬金水 ……… 31	行地火 ……… 38
天池水 ……… 21	淘金水 ……… 31	烧木火 ……… 39
平冈干湿地 … 22	出山水 ……… 32	架木火 ……… 40
地池水 ……… 23	养龙水 ……… 33	入水火 ……… 40
行地水 ……… 23	浮尸水 ……… 34	既济火 ……… 41
漏腮水 ……… 25	下棺水 ……… 35	煅金火 ……… 41
平地水 ……… 26	下滩水 ……… 35	出土火 ……… 42
浮木水 ……… 26	传送水 ……… 36	生土火 ……… 42
泼火水 ……… 27	火　星 ………… 36	焚尸火 ……… 43

1

玉髓真经

金　星 ……… 43	出土木 ……… 53	凑天土 ……… 59
献天金 ……… 43	穿土木 ……… 53	水土会 ……… 64
定座金 ……… 44	架土木 ……… 54	拦水土 ……… 64
出火金 ……… 45	穿水木 ……… 54	顺水土 ……… 65
堆地金 ……… 46	浮水木 ……… 56	生水土 ……… 65
出山矿 ……… 46	拦水木 ……… 56	出酥土 ……… 65
出土金 ……… 47	金砾木 ……… 56	火生土 ……… 65
木　星 ……… 48	架金木 ……… 56	聚火土 ……… 66
木星分脉轻重论	簇金木 ……… 56	煞火土 ……… 66
……… 49	穿金木 ……… 57	灶下灰土 ……… 66
通天木 ……… 50	贯金木 ……… 58	间金土 ……… 67
行地木 ……… 50	脱金木 ……… 58	架金土 ……… 67
架火木 ……… 51	揉金木 ……… 58	生金土 ……… 67
穿火木 ……… 52	土　星 ……… 59	生矿土 ……… 68
发火木 ……… 53		

穿变龙髓第二 ……………………………………… 69

水　星 ……… 77	水星九 ……… 83	火星六 ……… 88
水星一 ……… 77	水星十 ……… 84	火星七 ……… 89
水星二 ……… 78	水星十一 ……… 85	火星八 ……… 89
水星三 ……… 79	火　星 ……… 86	火星九 ……… 91
水星四 ……… 79	火星一 ……… 86	火星十 ……… 92
水星五 ……… 80	火星二 ……… 87	火星十一 ……… 92
水星六 ……… 80	火星三 ……… 87	火星十二 ……… 93
水星七 ……… 81	火星四 ……… 87	火星十三 ……… 94
水星八 ……… 81	火星五 ……… 88	火星十四 ……… 95

目 录

火星十五	95	木星十三	103	金星十二	110
木　星	96	木星十四	103	金星十三	110
木星一	96	金　星	104	金星十四	111
木星二	96	金星一	104	土　星	111
木星三	96	金星二	104	土星一	111
木星四	97	金星三	105	土星二	111
木星五	97	金星四	105	土星三	112
木星六	98	金星五	106	土星四	112
木星七	100	金星六	106	土星五	113
木星八	100	金星七	106	土星六	114
木星九	100	金星八	107	土星七	114
木星十	101	金星九	108	土星八	115
木星十一	102	金星十	108	土星九	115
木星十二	102	金星十一	109	土星十	116

真龙名髓第三 …… 117

玉　楼	129	天　马	135	芍药枝	143
宝　殿	129	枪刀剑戟	136	杞梓枝	143
千丝坠	130	甲　山	137	梧桐枝	145
金鸾琼阁	131	兜　鍪	137	杨柳枝	148
龙　车	132	鞍　形	138	卷帘殿试格	149
凤　辇	132	日月捍门三格		玉陛九级	150
翔鸾飞凤	133		138	御街阶	150
金牛转车	133	又捍门三格	139	黄金锁子甲	151
五星聚讲	135	棕榈叶	140	九天飞帛	151
开帐穿心	135	蒹葭叶	141	蜈蚣节	151

金蛇过水形与金蛇
脱蜕…………… 153
玉梭抛送………… 154
金鸾鸣玉珂……… 155
天冕璪旒………… 155
玉琴徽…………… 155
芦花袭…………… 156
芦花鞭…………… 156
玉丝鞭…………… 158
玉琴弦…………… 158
筇竹杖…………… 159
金斗玉印………… 159
金船出峡………… 160
楼船出峡………… 160
合门传旨………… 161
内官宣麻………… 161
金鸡衔诏………… 161
金钟玉釜………… 161
宝剑出匣………… 162
流　星…………… 162
蚩　尤…………… 162
白　芒…………… 163
贯天虹…………… 163
上天梯…………… 163
推车进宝………… 164
穿珠龙…………… 164
玉几临轩………… 165

象简玉圭………… 166
瑁璧圭三体……… 166
牙璋二格………… 166
天　池…………… 166
弓　带…………… 167
鱼　袋…………… 167
鸳鸯带…………… 167
紫霞帔…………… 167
石牡石带………… 168
步　障…………… 168
子龙出胎………… 168
锦鲤化龙………… 168
游鱼上滩………… 169
天驷出厩………… 169
天马驰阪………… 169
出山虎…………… 169
金牛眠草………… 170
飞凤昂霄………… 170
鸾凤啄粟………… 170
仙鹤垂啄………… 170
金鹅趁浴………… 171
金鹅浴水………… 171
金鸡浴尘………… 171
飞燕带游丝……… 172
卧蚕吐丝三格……
　　　………… 173

天螺出壳三格……
　　　………… 173
玉蝉脱蜕三格……
　　　………… 173
换骨龙…………… 174
枯骨龙…………… 174
沙堤龙…………… 175
流沙龙…………… 175
踏碓龙…………… 175
空亡龙…………… 176
之玄单独龙……… 177
单龙格…………… 177
飞荚单龙………… 177
金星龙与水星龙…
　　　………… 178
玉尺龙…………… 178
红线贯玉龙……… 178
宝盖龙与贯珠龙…
　　　………… 179
宝盖出水脚生金龙
　　　………… 180
游鱼戏水龙……… 180
水星涌壁龙……… 180
水星龙…………… 180
金星龙…………… 181
金水星龙………… 182

形象穴髓第四 …………………………………… 183

仙人下棋形…… 196	伏狮形………… 213	玉兔避鹰形…… 228
仙人大坐形…… 197	伏虎形………… 214	凤凰出寨形…… 229
仙人舞………… 198	行虎形………… 214	凤凰展翅形…… 229
仙人侧卧形…… 199	作威虎形……… 215	翔鸾舞镜形…… 231
美女侧卧形…… 200	卧虎形………… 215	翔鸾饮水形…… 231
醉仙侧卧形…… 200	猛虎行野形…… 215	栖凤理翅形…… 231
仙人消息形…… 201	捕食虎形……… 216	凤凰啄粟形…… 232
寒胡舞番形…… 202	猛虎降狮形…… 216	凤凰理翅形…… 232
仙人跷足形…… 202	猛虎下山形…… 217	金鹅抱卵形…… 233
仙人礼拜形…… 203	猛虎出峡形…… 217	金鹅就食形…… 234
大士结跏形…… 204	猛虎避箭形…… 218	仙鹤搏空形…… 234
观音跪坐形…… 204	雌虎引子形…… 219	飞鹤饮水形…… 234
美女梳妆形…… 205	雄虎啸风形…… 219	飞鹅趁浴形…… 235
宫娥执帨形…… 206	渴虎奔泉形…… 220	金鹅饮水形…… 235
西施捧心形…… 206	啸天龙形……… 220	麒麟瑞应形…… 236
乳母引儿形…… 207	行雨龙形……… 221	犀牛望月形…… 236
狮子戏球形…… 208	渴龙饮水形…… 222	犀牛出水形…… 237
狮子伏虎形…… 209	卧龙形………… 222	犀牛入水形…… 237
狮子饮水形…… 210	子龙顾母形…… 223	出田牛形……… 237
狮子舐尾形…… 211	母龙顾子形…… 223	金牛牵车形…… 238
狮子引儿形…… 211	子龙饮乳形…… 224	金牛转车形…… 239
番王骑狮形…… 211	黄龙戏珠形…… 225	出栏牛形……… 239
番奴伏狮形…… 212	黄龙吐气形…… 226	斗牛形………… 239
狮子带铃穴…… 213	群龙争珠形…… 227	食草牛形……… 240

| 卧牛形………… 240 | 伏地蜈蚣形…… 241 | 蜘蛛结网形…… 242 |
| 番奴驯象形…… 241 | 蜈蚣捕蛇形…… 242 | 蜘蛛放丝形…… 242 |

《玉髓真经》序

地理之学何始乎？盖有天地则有文理，古者庖牺氏之王天下也，仰观俯察，重险为坎，两泽为兑，若蒙若节，咸于山水取象焉。斯则其学之所自始，然世当浑灏，文虽未详而刚柔聚散，分合浮沉，其理固昭示莫掩，即象而推可以类知矣。周秦之间，宅兆是卜，汉书《艺文志》有地形书二十卷，则相地之法渐详于此。随后有《青囊经》，说者谓其文古雅，出自董初平。至晋郭景纯遂得而祖述焉，斯乃相地攸宗。自余天机、天乙、玄澍、赤霆，非下并列错陈，有裨地理，而近世惟以杨筠松之画与图，刘江东之《金函经》为准。然学各专，门人各异，见未有兼众作而会其全者。宋张子微氏，洞晓阴阳推测造化，乃采诸家所长，而参以独见，龙明贵贱，穴别正偏，砂之顺逆，水之向背，凡前人所未发者，皆发明无隐，又拟诸形容以作图象，而刘允中之注释，蔡季通之发挥，皆互相表章，如指诸掌。曰"玉髓"以言乎至精，曰"真经"以语乎至当，盖集其大成而为地理全书也。惟书秘鲜传，间传或非善本，乃者侍御少岳陈公，按闽修文吁俊，肴武抡才，振举纲维，贞肃寮度，盖公以全楚伟人，纯学峻识，正己扬休。故承式向风臻兹熙皥也，暇乃出所录本，又以杜给舍及子家所藏者，属郡守吴君校刻而传，真经至是始为完书。斯岂独堪舆家之益哉！昔者王公设险，以守其国，周营洛邑，谓居天下之中，是皆择地以定至计，周礼有墓大夫之职，其制甚详。先儒又谓人子不可不知地理，盖以其亲体魄不宜置于非地，使之不安，欲其必诚必信，勿有悔焉。由是而观保邦域民之要，孝子慈孙之心，非此则冈知所择无以执其要而尽其心，是地理之学固关治道。翊风化而裁成，辅相咸有所资，乃圣人之所先务，亦儒者穷理之大端也。斯其为益，良非小补，然则少岳公之成是书，意其在兹乎，乃若所谓枯骸得气，遗体受荣，揆诸感应，虽不尽诬，而意之所存，岂专于是。览者其当知所择哉。

嘉靖庚戌孟冬既望

赐进士资善大夫兵部尚书兼都察院右都御史前奉敕提督两广军务兼理巡抚侯官张经撰

万历壬辰福建福州知府山阴何继高序

《玉髓真经》总序

余年十四五，知嗜天文地理之学，片文只字，动与收录。及其壮也，积累数箧，如天星卦座，宗庙地轮，禽宿官曜，玉楼宝照，红鸾九曜，青鸟白鹤，青丝玄脉。八斧九轮，梅花芦花，花心八脉。自唐以来，诸家龙穴钳诀名字，难以具述，浩汗繁委，虽皆可取，终无要妙简明之说。晚得五星峦头文字，心酷喜之，贯千百而归诸五，不为不简，即五星而鉴千百，不为不明。然峦头取象甚浅切，疑要妙未尽，继得开宝国师张子微所传，其徒前后三卷与前五星相合，中间形象玄奥已非他书所及。然又疑宗传之际或有口授指要，惜其徒党不能详演其秘以惠后人，自恨不得与之同时也。最后漫浪金陵，登览茅山之胜，概遇道士郭守一，自稍为景纯之后，亦以地理自许，听其议论，亹亹可采，意其必得异书，有于诸家文字传载之外者，然倾盖方新，未容尽扣。又十一年，自湖而淮，自淮而江，复至金陵，再访守一，相顾感叹，各已皓首，命酒哦诗，意气相得。而地理之论，有非尘埃烟火中语，余益大骇，若以年序，余齿为长，然韩文公有云，其生也后乎吾，其闻道也先乎吾，从而师之。年虽云迈，朝闻夕死，夫亦何憾。因纳质北面，愿究其学，始获其书，乃张子微《玉髓经》也。受言藏之，又恐泯坠仙学，后人见之，或例以为地理文字，因为之序，表而出之，且出平生所得，已见释其深秘难晓之处，庶几有补于将来。

绍兴丙辰长沙刘允中序

玉髓经发挥序

地理之学，其来尚矣，专门始数百家。以五星为主，盖已稀见，以五行生克参论造化，尤所未闻。夫以谈命造化格例论地理，闻者疑，见者笑，而实为两间之妙理。有不可易焉者，国初国师张子微以五星起龙法，以五行测造化，法天地自然之数以准穴法。前乎此时，地理之书盖未之有也。余少蒙义方长师紫阳朱先生俾道先圣之言，习先王之法，非礼义，不敢肆念。而趋庭之暇，先君子每谓："为人子者，不可不知医药、地理。父母有疾，不知医药，以方、脉付之庸医之手，误杀父母，如己弑逆，其罪莫大！父母既殁，以亲体付之俗师之手，使亲体魂魄不安，祸至绝祀，无异委而弃之于壑，其罪尤甚！至于关生人之受荫，冀富贵于将来，特其未耳闻斯言也。"惕然动心。恐坠不孝。于是益加研究，凡诸家葬书古经，莫不备览，然多为后人依仿杂乱，罕有一书，首尾纯全，而无驳杂者。

惟张子微《玉髓真经》，以传未久，其门人弟子更相传受者，皆以子为取友必端，多文人雅士，不以秘术为奇，而以传正为务，故未有私相驳什之弊。偶得善本于子微七世孙驾部公，遂录而宝之，尝欲为注释，而未暇也，继以罪讲，离索荒郡，平生所志既为伪学，不敢复谈义理，以远大祸，乃复此经，朝夕玩阅，颇究其奥妙。而允中已释之矣，第不无微舛，余恐传之愈远，而正义不明，故为之发挥，其形象图录间有分毫讹谬者，皆以驾部家藏善本正之。于龙形穴体或有默悟，亦以先人所藏、先贤已验图本可以引订名义者，用附入经卷之末，庶学者有所稽考。若博雅君子与我同志，从而规正其失，开广其不及，尤所愿望也。

绍熙乞牧谪隶蔡季通序

按：蔡元定，字季通，号西山；朱熹的得意门生与挚友，我国南宋时期著名的理学家，幼承庭训，长从朱熹。熹扣其学，惊曰："此吾老友也！不当在弟子列。"遂与对榻讲论经义，每至夜分；四方求学者，必先从元定质正。韩侂胄兴伪学之禁。谪道州。卒后追谥文节。著有《发微论》、《玉髓真经发挥》、《穴情赋》《详节天表》、《八阵图说》、《洪范解》《太玄潜虚指要》等，尝登西山绝顶，忍饥读书，学者称西山先生。

《发微论》是地理名著，其共计篇十六，曰：刚柔、动静、聚散、向背、雌雄、强弱、顺逆、生死、微著、分合、浮沉、浅深、饶减、趋避、裁成、感应；字字珠玑，乃治地理者不可不读之微旨。明·余象斗所著《地理统一全书》载有蔡氏祖坟二图，附录于此（原图不清，笔者修绘）。

◇**一、螺蛳吐肉形**

地在福建建阳麻沙，土名鸡母岭，又名排山。其龙顿跌三十六峰，入首起木星展翅，中出芦鞭正干。尽处虽有明堂、龙虎秀峰可观，而真气不到，不结穴；其脉闪过右边，成文星，落平田结穴；左山横"一字文星"为案，外耸秀峰为应，右山列屏"赦文"，横截水口，但堂气倾斜，故发福迟；"文星"奔窜，故西山遭贬道州；不入俗限，其先课云："螺蛳吐肉穴居肉，九世九贤山。"果于九世出蔡发（以曾孙蔡杭贵，赠太师，至明朝，享祀太庙，谥文正）、蔡元定、蔡沈、蔡渊、蔡沆、蔡杭、蔡模、蔡格、蔡权、世称"四世九贤"。

◇**二、蔡西山自卜寿藏**

地在福建建阳翠凤山。其龙起自西山，开帐出身，奔行雄伟，重重渡峡；至翁田，复大断，自青苗中过而起，又开帐，成"卷帘殿试"之格，复列三台帐，正脉中落，逶迤细嫩，势若生蛇，两畔重叠抱卫；入首，

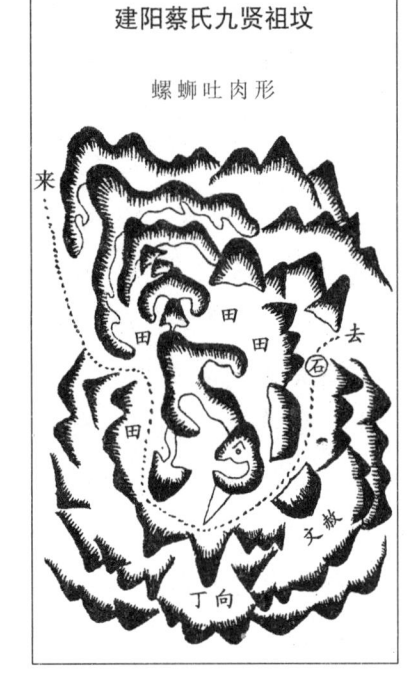

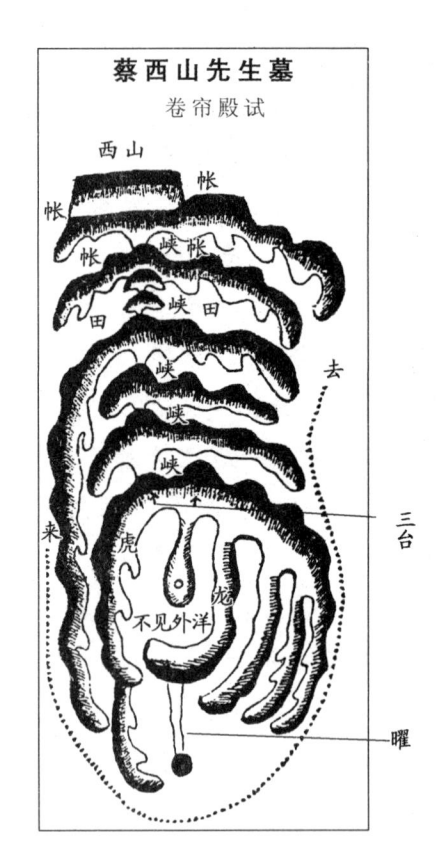

玉髓真经

成太阴金星结穴，穴挂左角，右畔抱曜；只是穴低；而送关一臂太近且高，当前为案；无开畅明堂，不见外洋，内水斜流似倾泻，外重下手山不短缩。以俗眼论龙虎、明堂、朝对，皆一无可取，反似穷源僻坞。殊下知大龙奔行数千里，于此融结，正是尽龙，而溪水环远，拦截包转，穴极周密，脉甚奇巧，虽不见外洋，而数千里间山水皆暗相朝拱，真至贵之地也，非西山先生之明见，孰能识此？西山先生自卜寿藏，葬后其孙蔡杭拜相，贤贵叠出，人丁大旺。

建阳蔡氏九贤祖坟
螺蛳吐肉形

蔡西山先生墓
卷帘殿试

玉髓真经

五星龙髓第一

□太极未判混沌成，凿开混沌天地明。二气融液交构精，元气元形会结生。天上行次有五星，地下行龙分五形。五星五形均一体，地下五形参五星。五星五形作五样，须要劈析极分明。

五星中间有形体相似而实不同者。金星与土星相似而有清浊之分，火脚与水脚相似而有尖圆之异，火曜与金曜相似而有传变之殊。若不分明劈析，则祸福差殊，或相倍蓰而不验哉。

□莫道水星是平出，亦有高山作水名。高山之水起波浪，磊磊堆泡山面上。山顶欹前势欲倾，山脚飞斜贴地平。

水星之高者，或尖而差肥。山势欹嵌向前，山面上起小山泡磊磊而下，此山虽高乃水星也，若误指为木与火则不可支祸福。

□旗脚虽飞却无焰，似若风吹动闪闪。

火与水皆有脚，但水脚飞扬而圆，火脚直射而尖，此所当仔细劈析也。

□高山亦有水滔纹，十条八条溜溜分。好星顶平亦端正，脚手低飞是水性。

前言倾欹向前是山之尖者，山之平者亦端正，但于脚上见之。

□天门水峻上齐天，莫作火星并木言。

水星之最高峻者，或云即天池水也。

□天池水星自分晓，最嫌干湿更狭小。

雨时有水晴时即干。如干灰塘，插之可入不可深，此最为不吉也。

□地池水星有短长，或拙或圆或深官，或分火焰是带火，未必全是水因果。

若池之四傍有尖射缺岸，即火星也。

□行地水星是低坪，且看草木生不生，若是流砂是水涸。

此言平冈若只是沙地不生草木，即为水涸。犹童山不生草木则不吉而主瘟绝。

□或有败潴并见恶。

败潴不干而常黄浊，臭恶如潴牛浆，败水不洁之类。

□此是水星病惫生，退尽此龙方可作。

言须退卸过别处星辰方可作也。

□又有名为漏腮水，泉水潺潺并退射。此水当知泄龙气，此样星辰不全美。

言龙有穴泉进出，则龙之气脉随水漏泄，此龙作穴亦恐气脉不来耳，如人害漏腮之疾，则真气随漏虚悠也。

□平地水星火相似，水脚端圆却无数。

此辨明水火脚尖圆之状。

□又有名为浮木水，木在中间傍者是。

言水在木傍也。

□又有名为潦火水，水向火头波浪起。

火脚在后水星起前。

□又有名为淘土水，围绕土山行不止。

土星傍出水脚。

□又有名为淬金水，有火有金我横抵。

金星穿从火星出而见水星龙，故名淬金。

□又有名为淘金水，金小碎细水弥弥。

低平皆水星，却于坪上生堆阜。有碎散出而水星为主，故为淘金水。

□又有名为出山水，两山夹送去迤逦。

此非谓有真水而山来夹两旁护龙，此是正脉行乎中，乃为低平之水星。故为出山水。

□又有名为养龙水，菎形委蛇水波摩。

言水山如龙形，形在中行龙，而又有平洋水星在旁养之也。

□又有名为下漾水，高卢撷

来倾泻势。

高山又生小山作水星撷下也。

□又有名为传送水，传变星辰送者是。

言传送星辰出穴变化已成直送，将龙龙入穴也。

□又有名为浮尸水，尸山出没行不止。

水星之丑者如肿尸然，则形既丑。又有低平之水脚，散乱四出是也。

□又有名为下棺水，土败为棺水中起。

元是土星或遭组凿，偶然方长若棺木然，而四方低平水脚散乱也。

□此量最是凶多，不须一例唤作水。水星却不怕伤败，水散复聚随巨细。

□火星有焰起尖高，秀丽中间势力豪。高出名为焰天火，此是贵星祈出座，只缘小大焰烧空。

小大言山之尖或小或大也。

□遂使时人皆怕我，星峰面面尽端圆。惟有峰尖焰烛火，若还焰高身破碎，亦是火星生病惫。

峰上尖焰多而石圆浮者吉，有尖焰而身面破碎者必凶。

□其次名为行地火，延袤纵横焰细锁。脚尖皆是焰头生，脚圆却是水生遇。

此皆行地之脚。

□又有名为架木火。本是木星高耸座，身腰纵有小尖生，七个八个十数个。

此是木星身上出尖峰作火焰。

□终须变木作火出，且看此星如何过。

看他变转过后是作何星辰，盖架木之火指为木则有火，指为火则有木。其形未定，未可妄指也。

□又有名为烧木火，贴地木星火缠过。

架火以高者言，烧木以平者言。

□此木亦须变火行，火焰得木转转生。又有名为人水火，本是火根水缠裹。

火星在中，水星坪缠绕。

□或是火峰变水脚，若是平冈终变却。

穴易已为低坪之火，又有水脚，此终变为水去矣。

□或为既济换真龙。

水火既济乃是火星遇真龙玄妙之处。

□此处仔细认行踪，池水讼池生火焰。尖射无数生水破，人疑此水喝不成。仙贤名为既济火。

池岸破处生尖乃火焰也，此名为既济之火。

□又有名为镕金火，众火烧金金受祸。

虾者金成而又生金，金换去火。镕者金穿火，金受镕面不复再生矣。

□又有名为出土火。土山山上起石朵，此龙元是火穿来。逢土要从土中过，土山终须压不死，穿出土来方折剉。定须变换秀气出，变得秀峰传入座。

此言土形山上出火焰，此火不换。但来此折挫退卸别变。秀尖峰传入穴中入座，谓入穴座者也。

□或是火从中间起。土脚送迎相缠裹，此是土星得火生，土旺终须灭去火。

此又与火穿土不同，乃是火生得土。土愈旺而火寝微。前去只生出土星，无复再见生火，尤须辨别也。

□且看土星传燮去，土成传金穴中作，又有名为焚尸火。肿尸暴露形骸裸，火焰斜飞穿复行，此是金星镕入火。

先有金星穿入火星中，至此镕烁消化。存者变为丑拙之形，所变有如肿尸，如水星之丑者。盖金水本一类，故略同也。

□火星却怕自伤败，烟焰潜消反成祸。

畏人掘凿伤败，盖元自尖秀，经掘凿则形体俱变矣。

□金星最贵随高下，或如钟釜或伏马，或如圆笠或糍饼，或如倒木生圆胯。

如倒地木星两傍有圆胯者。

□长矛延行头亦圆，时师误作木星传。高者名为为献天金，特起秀峰云雾侵，只为体圆肩背活，莫作木星误推寻。

木星身体圆小而尖，金星身体圆润。

□次者名为定座金，头脑先圆不嵌坒。下者名为出火金，得火销镕地上淋。此金变化渐成器，必有宝玉刀剑势，刀剑不可全作火，亦有火炼金成器。

此言得火变化传为成器之金，不可见其不圆即谓非金星也，或为圆璧，或金器，或刀剑，亦是全中生出，不可指为火星也。

□又有名为堆地金，小山磊磊一聚寻。

小山磊叠堆作一聚，如金块之堆地上。

□又有名为出山矿，细碎乱石满山岭。

言山上山下有小碎硬石如铁者。

□若逢火穿与变炼，变出好金皆土面。

前头小山逢火星则变为土山矣。

□若还金全石光圆，此金成器脉已传。

碎石满山若成全星则后圆，而金星必是石骨。

□有名为出土金，土山头上有圆岑。

土山言山得土星之形者。

□或从横山土中出。

谓倒地土星。

□此脉还须仔细寻。

□又有名为生水金，金星傍侧水浸淫。

此言真有水者。

□或是生成倒地水，金水本来同一心。

言金水本相宜。

□金初生水固相益，水从金生复生金。

金能生水，以逢蒸润而生水。以此理而言耳，水复金生也。

□又有名为刻木金，木穿金中木不禁。倒木横木皆受刻，此金前去传脉深。

金脉既深则木亦变为金。

□金星亦自怕伤败，伤败皆为缺折金。有如开口及鼎足，伤败非人造化轴。

此言开口金及鼎足金虽非人力伤败，此乃造化机轴。本来阴受伤祸，伤败之脉亦福少而祸多也。

□此金祸多福全少，传在穿来变传宿。

更看穿变传去星宿如何。

□若还变出更缺折，迁后灾

殃旋人屋。

　　此皆言自然生成有缺折。

　　□木星通天碍乌蟾，腰身圆耸更纤纤。时师误作火星看，火星多焰木一尖。

　　火星峰头不止一尖，木星只有一峰之尖。而尖上更圆，尖梢仍圆，不如削。底下亦有光圆脚，其次座木亦圆秀，座下秀参次于通天之木。

　　□又次行木有脚了。（缺一句，今续之：孤身一段如何走。）

　　山之有脚手者为行木。

　　□低下即为眠地木，长远延袤微微曲。

　　倒地木无脚手者。

　　□火亢木星星最吉，却有什乱穿变出。架火木高火上焰，焰在木上火为亢。

　　架火木如架木火，此言火焰在木尖。

　　□火到亢处即易绝，火绝亦须木生旺。再传得木木转生，再变化火火反旺。

　　□又有名为穿火木。一木居中火焰簇，烧尽木时变作火。变得火时亦为福，穿变不成木火什。此是祸胎瘟人屋。

木不胜火，发瘟之象。

　　□发火木非木为主，火星欲行资木去。若还无木火不发，只怕火木相交互。

　　发火木者火星为主，则主于火旺。火星欲行而秀旺，不过资木发之而已。木山太多则木反旺，故怕交互。若主木而言，则不知此论矣。

　　□又有名为出土木，土作根基木生育。

　　元是土，是木穿土而生也。

　　□又有名为穿土木。穿是平穿土起伏，木如得土木亦旺，此去木生定高簇。

　　出者木从土上出，木高而土亦高也。穿土者木平穿而行，木低而土亦低，故曰穿。

　　□木出转秀从可知，自是中间生福禄。

　　□又有名为架土木，倒地木中土堆覆。

　　倒地木星上特起小土堆者是。

　　□此木应须一向低，亦嫌土胜非为福。

　　如世间之木倒在地上，一向为土所压，则将有腐烂而已。

□又有木星穿水行，莫道土生资水成。水少为福多为祸，此亦人间易见情。

生木水多则不长，死木水多则流漂。

□又有名为浮水木，泛滥不停断非福。

水多而木轻，如木既为水，泛滥不得停止。

□又有拦水木星横，拦得水住木复生。

木星倒横拦截，使水不得行，故吉。

□木星逢金穿落土，金断木乃是其名。金星稍高木星倒，此是受断器渐成。木高金低金矮伏，此星名为架金木。穿过金来木再生，生旺方为木之福。

金高木低则为受靳之木。如木用全断削成器也，木高金低则为架金之木。当再出金刃，微制木未住。

□又有名为簇金本。薄薄低平全无肉，此金名为金箔金，此是妆銮成器木。

金在低有形而无肉，此乃粒銮木之全箔。

□又有名为穿金木。金大木小更单独，迎送全是金脚手。金多恐他伤木簇。

□又有名为贯金木，柄插枪刀或箭镞。

前有枪刀等形，木星倒地直尖。如有贯串之壮，此是贯全木也。

□若是穴传木星座，定有自伤残忍毒。

此是木星带神杀，故多内乱，自反自伤祸。

□若还穴是金为主，不畏枪刀在山麓。

麓，足也，山尖脚足。

□又有名为脱金木。穿出金中起星宿，譬如枪斡初脱管，尖尖秀高如削玉。

贯金之木倒地，脱全之木插地。

□又有名为揉金木，被金围绕随屈曲，此木已为金所屈。出得金来定蜷躅。

言四脚畔左右皆金山，而木屈曲出于全山之中。常人观之委蛇屈曲，非不佳也。其奈爽乎金山之中，为木受屈。

□不然只可作金看，变得成金要金续。

若金星变换而无金接续，是金木什乱也。

□木星亦自怕伤败，伤木无华同死属。土星顶平乃完混，或作方山亦低顷，或然高起会侵天，不同火木尖秀论。

火木之星尖秀，土星重高，赤身大而顶平。

□或海员堆或方阵，倒地或作田塍浑。

倒地或是田塍有土星之形。

□凑天土为第一高。此土又名上天土，此星分龙力最重，龙势高雄有根本。

言初发龙，星峰是土星高堆者，就其上分开枝宠。其初受气最厚，故言有根本。

□土星穿水有小大，此土名为水土会。

言水土交会也。

□土大水小滋润土，土小水大土易溃。

如土被水浸必易消溃。

□又有名为拦水土，水逢土止土为主。

本是土星为主，中间穿变水星，又遇土星横截。

□又有一名生水土，水作流泉有洪路。

言土星之山真有泉水洪路，为不吉也。

□此水无吉主有凶，看近子孙或近祖。

近子言入穴，近祖言发龙。入穴不远最为不吉。发龙未远，未经退却。前去必又变换，退卸则为吉也。

□近祖未曾经换变，近子便是穴中去。近穴却为不吉利，漏泄地气最为否。又有名为出酥土，点点滴滴如滴乳。若还近穴亦不吉，他日出入害漏鼠。

水流非如崩洪，奴乳石之脉。春夏不甘涓涓不止，此亦非宜，若更近穴尤不吉。

□又有名为顺水土，土被水流随水去。

此言土星之山旁有水星之脚，如水流土磨，以岁月终被流水。

□若还水旺转泛滥，此水定须损土主。

土星为主，水多而土受损于水。

□土星与火最相顺，穴火须是土为主。

分龙之际土为主星。

□火能生上土益厚，土为母胎火为父。

发龙是主故曰母，火穿土生于土故曰父。

□聚火土为第一名。土山山上石焰生，譬犹蕴崇百草土，土非此火烧不成。

土星之山又有真土山，山顶平夷。上出石尖不一而足，乃是火出焰于土外。如人家烧土粪，土中出火也。

□又有名为熬火土，火焰下走土上处。

火脚在下而土星在上。

□又有名为灶下灰，山下捆砂起尘埃。土被火烧不成器，化作微尘传不来。

土山中火太旺而土衰，传变不成。土化为灰，传土不去。

□若是土星穿变金，金自土出皆有情。第一名为间金土，一土一金相间去。又有名为架金土，山上磊磊覆小釜。

土星之上有小金星。

□又有名为生金土，金在土中胎养处。左右皆是土陛胎，金自中间生出去。一个两个生不止，一变再变传不住。此是变作金龙貌，最贵之龙祖宗富。

金传变愈秀故贵，土星一为之祖故富。

□又有名为生矿土，下出红泉多沮洳。

山有矿石则必出红色之泉脉流也。

□此山定有银钱矿，它日或为兴利处。

或起炉场。

□一炉兴鉴万山愁，龙贵龙真遮莫做。伤败歇灭与陷落，仔细看详穿变处。若人识得五星形，此是神仙真步武。

发挥曰：五星本于天文，以谈地理，术家罕见。近世间有主此为说者。而义理驳杂，漫无足取。一行五星形体，略而未详，峦头即五星变名。而专门名家间有讹谬，及观此书赅备，则他家特得一二耳。子微以元气融会为五星，元形流峙为五行，而五星五行本为一理，而五行之所由生也，其说甚正。至于五星，各立变换名字。初见似略觉得赘疣，详味其旨，则子微盖非得已。大率术家各记其术，则辨山之形，无此分别。亦复难记祸福轻重，故五星变名，由此而生。以尖圆方与夫长短欹正高平论之，则学者必不能辨，加以术家九星所指配五星，全不相合。五星变名，又不得不熟省也。如术家火星，或以为尊星，或以为凶星，二说正自相反。木星，或以为尊星。而倒地之木，或例为单独无取。祸福又复乖戾，或以金为土，或以土为金，而水火亦且脚焰相似。若不毫析丝别，诚未易晓。又如洪破溜纹，亦吉凶难别。若以洪破为溜纹，则非矣。溜纹者，自然直下之纹。洪破者，水推流路之路。相去甚远而若近，故不可不辨。要之水流溜之纹，乃言石也。洪破，则土耳。正自易晓，若不以土石别之，则差之毫厘，缪以千里。

天门之水，取其高入天门。倾下之水，自与天池不相关。或以天池为天门之水则非，然天门之水亦当于泡上取之。方辨火木，刘注以为即天池水者非是，下文自是别言天池水，则此只言高出。极为分晓。

天池水，在高山顶上者是，及平地者，不得为天池。池之带焰者，虽不可全指为火，故云水火既济。干湿之池，土如淋灰囊，测之无底，盛水不驻，朝满夕除，此最无用。龙上有则大不吉，主出人客亡，家财不住聚，仕宦不进，为人汩没。

败潴黄浊者，主瘟。臭恶腥秽者，主瘵，带火焰者，主瘟。三者皆出人庸浊，不可训诲也。池亦然，凡平冈平地者皆为地池。干沙流沙皆不可，此除是退卸方好。若退卸后，亦须别起星辰为祖宗，重新胎息生父母子孙方好，然终病愈，非全美之地。但如此求全，却难得圩龙。亦不可执一，瓦砾沮洳，不生草木，赤霆经所谓燥如蜗尘。湿如牛鼻是也，此龙多是败绝无气，恐前去不复退卸。纵经退卸，亦不作好穴，更不必劳心力寻踏。

发洪及出泉冷浆流注去处，皆如漏腮。为其泄龙气也。此龙前去，却有退卸，未必全然无用。若是近穴及于龙虎左右有之，断然不可。若在远龙，而经退卸，则无害。

平地水，非池也。亦非平

冈，乃草坪及山傍浮脚，是平地水星。为何似火，为其散脚飞扬，似欠有焰。但火脚尖射，而水脚圆平耳。

浮木水星，谓倒地木星，两傍有水脚者是。立地木，亦间有水脚者，然终少见。

泼火水，似火星出焰。焰于圆平之脚，是水星也，亦有立火而水脚者。淘土水，不专是土星傍水脚，亦有中间是土星行龙。两傍带水星之山夹持。而水脚飞扬，趋向本记者。真淘土水，然土星少带水，不如金星之带水多也。

淬金水，须足金星带水火。而又见水，方为淬金。若只是金星，是淘金之水也。

淘金水，水中淘金，金星极小。金山之水，乃两傍平地草坪带水者是。出山水，以水星行龙，而护龙之山，在两傍是也。

养龙水，其说有二，有是龙行地上。而两傍有真水夹之者，有是龙在中脉，水脚附于两傍者，则是以山为水者也。

下滩水者，以水曜从高山而下。

传送水者，传出水星，就送入穴。

浮尸者，刘注谓水星之丑者，非也。尸亦土星之不善变者也，下棺水，经云土败为棺，乃是土星变得不好而败。非组掘，刘注以为偶然鉏凿，方长，非也。不然，经下文乃云水星御不怕伤败，则非因鉏凿明矣。盖尸与棺，皆土星之丑者耳。火星最以焰天为尊，术家以土山用火为尊，而又高峻入云，此主极贵。独尖无焰，此为第一，若二尖三尖亦佳，又有出焰无数，亦非全吉。经云大小焰烧空者，言一山之上有大小，不止一尖者也。焰高身破碎全是矣，此形最凶。故经申惟取其面端圆，而不取其破碎之焰也。行地火，其焰必傍出，此须看前后星辰如何。若只是火焰斜飞，亦不美。若出为石曜，或为横飞之势，则又大吉也。

架木火，乃主木腰间生火。此体虽只是木，亦终变为火，若变不成而什乱，亦不合美。

烧木火，乃谓倒地木而言也，此等星辰皆有病愈，卑在观其所变如何。

入水火虽秀，然亦非吉曜，既济而换则善矣，池水带火焰，亦名既济，若有石尖耸出水中，此为至贵也。

煅金火，镕金火，吉凶不同。金受煅则佳，受镕则凶，难便区处，须看第二节如何也。煅者金高，镕者金低，煅者复生，镕者化而不生，出土火最吉，大抵土火相宜，土旺在其中，故吉。

生土火亦吉，然此去多换金星。盖是土能生金，却不宜见火曜，然金亦有尖曜，未可全以为火，不可不察。

焚尸火，要之亦多是土星不善变，败而为尸。经申谓金之镕者为尸，盖不可全以为金也，其为凶则一。

金星之变，最为难辨，或似土似木，或尖秀似火，经云或如倒木生圆胯。木则支僚单出，金星则两傍娃生圆胯者，如木枝柯而阔短。头脑俱圆者是。又云长矛廷行头亦圆，时师误作木星传。盖木星面狭而长，金星面阔而延衮，木星木尽处微尖而圆，金星末梢大而圆，此其别也。大率看他祖宗胎息生来处

如何，可见是否。虽经穿落变换，亦未大相远，最高者，名为献天金。次者，为定座金。如此星辰，虽分轻重，大抵皆吉。

出火之金，多生尖曜，盖脚虽有石尖，然头脑身皆圆，故知为金星，非火曜也。若祖宗是献天金，及父母胎息皆是金星，则金旺而秀，亦生石曜。堆地金亦吉，但不能生曜，出山矿，多出凶顽之人，若得火变换，则退卸为青秀之山乃为佳。若不逢火，必为童枯不生草木乏山，最不吉矣。出土金，是先成土星之山，其平顶土复有小圆山是也，此主富而秀。或出横土亦好，生水金亦秀美。克木金最要看传变，若变为木则好，但须更离三五节木为善。若只变一节之木，犹未离伤乡，若变金，金当愈秀，盖木本秀，而变为金，金既胜木，金得秀气也。

木星高秀而顶不尖，尖则为火。然火如人字，两脚润而顶如针刀。木如卓笔，两脚不阔而顶如秃针，不尖小也。

通天木，为五星中第一贵。术家论山，以木为尊星，又为岁

星，又为帝星，又为文星，是最为尊贵，座木，则为次之矣。

行木，当是倒地之木，有脚手如龙之行也。下文又别言眠木者，指无手脚而言。倒地之木若分明，亦自贵秀。

架火木，若火在木杪，则火力将绝，若在半峰，则火尚传也。穿火木多不吉，生瘟疫火灾。

发火木却无害，以火为主故也，此全看祖宗如何。

出土木穿土木皆吉，架土木多不吉。穿土木，是低平土星中有横木眠木，而土起伏于先后，木穿土既多，根基盘植，必生高耸之木。架土木，如以土压木，但会朽腐，无复生理故也。

穿水木，有吉亦有凶。有水木孰胜，水旺则木衰，为凶。木旺则水衰，为吉也。

浮水木，乃倒地木四傍有水脚，如水浮木而行，水多，则木泛滥而无所底止，故非福，水弱，则福盛。

拦水木，以穿落之山是水，或有水脚，而木星横陈于前，故云拦水，然皆吉凶相半。

金断之木者，此去成器与否，方辨吉凶。

架金木，木必胜金。

簇金木，尤为无害。穿金木，不吉。

贯金木，却有取用。若前后穿变不善则凶，而出自戕之人，故经云定有自伤残忍毒，若前后变传皆有吉星相宜，则无害。

脱金木，亦多吉。

揉金木，吉凶相半。

土宿似金星，而最当辨认。经云土为母胎火为父，此论穿变之父母，非只论发龙父母胎息。大概专言土火之相宜，其造化如此也。

凑天土，言出富贵福厚之人。

水土交会，亦看相胜如何，大率恐水胜于土。

生水土，不吉。为土星有洪路破碎，却经退卸出好山，则无害也。

拦水土，无凶。

出酥土，有凶无吉。

顺水土，多变为尸山棺木。

窜下灰，谓涸燥而起砂尘者，此为无气之脉，大抵土虽与火相宜，亦畏火胜于土。就像世间以火烧土，火胜则土枯面砾，以之壅培则不肥，以之种植则不生，则此土已无气脉，故传之不去不生也，地亦然。

间金土，金图土自相宜，惟生矿而出泉者不利耳。

或问，五星为何有许多名字？

答曰：譬如今以五行配六十甲子，水则有大海水，天河水，涧下水之别。火则有霹雳火，覆灯火，炉中火之分。木也一样，而有数者之殊，金也一样，而有多端之异。盖星之变换各有轻重。不尔，则不可以定祸福，此是论造化自然之理，非妙造化格物理者能到此地位哉，当于圣贤学问中求之也。

水　星

天门水

◇天门水一

□似火而非，有脚而飞，此星最秀，名与天齐。

秀星又名帐天水

天门水一

言出人秀贵，名声与天齐也。

发挥曰：言似火者，以上面有水泡滟滟，恐人疑似以为火焰也，然皆取其两肩端正者为上。经云，山顶欹前势欲倾者，以正面欹前，侧视之则见其欹，正视之则不见其欹，惟觉有壁立之势耳。今世俗所传之本，乃迎合经中语，遂讹图为倾欹之形，则非矣。若真的这样，安能极秀而贵耶。余故表而出之，仍穿落之脉，必须中心正出，若偏居左右，即力量轻减，虽出贵亦不超显贵。盖大星，如人家祖宗父母不正，无好子孙，亦非根基源流，难望大富大贵，纵富贵也易消歇。今人不察轻重，只见有星辰，便谓必作好穴，非矣。如梧桐枝，乃大星辰端正，若出偏斜之穴，此却无害。如是大星偏出，而龙水复非穿心正脉，必作穴不得全美，纵使龙虎端正，亦出人不做人事，此必然之理，不可不察。水星不正出者，必有小峰真脚，然后为的也。

◇ 天门水二

□御屏带折，玉陛九级。世出公侯，万趾眷辑。

言富贵而人蕃多也。

发挥曰：御屏，本属土星，若顶不广，而又有石滔小窠，即属水星，最秀而贵。然亦带三分土宿，全看穿落如何，今此样星辰，既端耸方正，合御屏之格，同是尊贵，复落为五陛九级，则其贵可知矣。平冈横浪，亦须如水波皱动，方是水星，若圆净横拖，如一字，如蛾眉，即为木曜之文星，更当精别。

天门水二

◇ 天门水三

□好星顶平，端正而清。浪浪奇秀，代代公卿。

御屏势有水泡者是。

天门水三

发挥曰：此等皆出土之水。水从土生，厚而且秀，故出人皆富贵而长久。土主富，水主贵，然皆须正脉穿落传出也，从角出者必轻，轻则作穴斜偏，无所取裁。

天池水

□山顶天池，飞泉不衰。若无蛟龙，王侯镒基。

有蛟龙孕育者，气萃于蛟龙矣。

天池水

发挥曰：夫真龙正脉，固有

百十里皆有好星辰，节节秀异，及至穷尽之地，乃不作穴，或为蛟龙孕育之所，或为汤泉发泄之处，遂成虚设。然智者观其龙气，已知前去作地与不作地，蛟龙藏蛰之龙，多雄勇鹿连，侵天出汉，虽有穿心正脉，亦自高厚难登，不分君臣，不分阶级，多水土之星，木火金三星不见，如此等龙，前去大尽去处，必是蛟龙蟠据，庙食千载，若见此形，不必枉费途程寻踏也。汤泉湿热之龙，必是火土更旺，常见火多土少，木水金三星不见。而又龙身节节生巨石嵌岩，或全身石骨，火焰烧空，土形不秀，每退卸处，必有火星，而生蒹葭叶，如此等龙，前去大尽去处，必是汤泉发泄，热如煎烹，若见此形，亦不枉费脚力驰逐。然汤泉发泄，必在火尽处，龙宫间在未尽处。但既有蛟龙，此龙前去，必无大地，不过余波弥弥，宜亦无足取矣。

平冈干湿地

□平冈作池，牛浆所为。官亡在外，贵官异尸。

此专言干湿池也。纵出人贵官，亦在外抬尸而归。大概原来池水不过牛浆混成，故干湿不常，

发挥曰：余前论此池详矣，大抵此池不必专是牛浆，固有自然之池，乃是龙气坑陷，深入池中，雨天则积水，晴则干涸，插之若无底，踏之似坚土，泥多褐白色，此干湿之证也。盖积水不潴不清，渗之地下，必有泉脉，复从他处所漏泄，故治家则财消耗而不留，为商则客亡而不归，为官则殁外而不寿终正寝。然又有夏秋不涸之池，既葬而涸者，又非此例。如此者，乃旺气入穴，不复潴水故也。如金盆金盘龙漏等穴，多因葬后干涸，更不潴水者，此又大吉，不可以干湿论之。又有一等池塘，系是有水路流出，不肯停潴者，亦非此比。仍诸般池水，必须有水澄清。若黄浊臭秽，皆主瘟癀庸浊，及盗失口舌，官灾狱死。若近穴及在明堂之内，皆不宜见。上列注解专指浆而言，未为详尽。经书断谓，牛浆所为者以似牛阴之浆耳。若指牛浆，则牛

浆本非可以言池，当于干湿二字，推究文字其义，则得之矣。

平冈干湿地

地池水

□地水为池，五行象之。最嫌干湿，似牛所为。

木为文星，水为秀星。

土形　金形　水形

木形　木形　火形

地池水

□池为养龙，秀气之钟。有泉混混，为卿为公。

□木化为水，文星秀气。出人清俊，代代富贵。

发挥曰：圆长者，为倒地之木，而乃为池。故曰木化为水。于地池中，此为最秀气，故于五行中，独表木星而出之，大抵干湿者为无用之地。无气之龙，惟源泉混混者，为上吉。

行地水

◇行地水一

□平冈行水，草木茁起。出清出贵，以带秀气。

发挥曰：行地水者，皆平冈，亦须脚手停匀方好。盖既有手脚，使须停匀。若偏生斜出，即非正脉。固有水星分行三五路并驰而出者，当以行中路者为正。前去必有清秀之穴，若非中路者，纵有形穴，亦力量轻小，顶多小康而已。龙脉如官职等级，尊者居中。凡在左右者，虽皆有官禄，无非为居中者之僚属也，以此取义，十希八九矣。

◇行地水二

□半高半低，似火而非。公卿所生，由是而基。

发挥曰：此等星辰，乃平冈之起峰峦者也。

◇行地水三

□飞如行云，此龙有情。未作形穴，富贵之凭。

发挥曰：飞扬层出，皆有云头，此龙富贵所凭借也。

行地水一 　　　行地水二 　　　行地水三

◇行地水四

□穿心如波，铺地如波。既富且贵，以秀气多。

发挥曰：行地如水波浮偃，皆对股穿心，此龙秀气最多，故富贵双全。

◇行地水五

□水火相什，偏斜乱落。纵有真穴，不堪动作。

◇行地水六

□出贵且秀，五逆在后。不孝不友，徒贵而富。

发挥曰：以上二星辰，皆以水火相什乱。前一图，不惟驳什，又且偏落，或火左水右，或水左火右，故全凶无吉。后一图，贵而秀者，以穿心封股，脉由正出，故有吉。但不合反生逆焰，水中出火，故凶。而又主悖逆也，作穴处，龙全水，虎带火，前砂火出水脚，皆悖逆之证。

行地水四 　　　行地水五 　　　行地水六 　　　行地水七

◇行地水七

□水涸见沙，秀气浅鲜。家贫人愚，离乡走远。

发挥曰：水星秀气。枯涸燥而为沙，虽有土穴，不堪作用也。

漏腮水

□两颔漏腮，春夏泉来。纵是真穴，无可栽培。

漏腮水

凡有泉窟者皆为漏腮，泄出真气，不足用也。

发挥曰：此又当看近穴与否。去穴远者，当别论造化，或再经退卸，或是泉池，不可谓凡有窟泉者，谓之漏腮也。鬼星中，亦有漏腮之鬼。若在穴傍及生峰，后者最不宜见。如此图。在穴后两胁者亦是切近之地，若来龙行度摆布，或穿峡去处。若有泉池，又番成吉矣，故不可例以漏腮目之。又有在青龙白虎之前，或有泉池在明堂之内，应此形穴所宜有者。文亦无害，或反是火吉，大率不可近穴及在穴后，在前则不可概论。

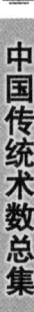

平地水

◇平地水一
◇平地水二
◇平地水三

□平地水行，为田不平。秀气所萃，出监公卿。

谓田高于众田，故曰为田不平。

发挥曰：田龙之地，最要过脉分明，若混然平田，无高低可辨。或自高而下，只不及低一级，绝无蜂腰正脉，则只是漏气之龙。或为游野散乱之气，无所取材。若高田为龙，每当过处，必作小狭之田，两傍皆低。惟此独高，方为正脉，此去虽土田穴，形象必真的可取矣，不然，虽有好穴，不用也。

平地水一　　平地水二　　平地水三

浮木水

◇浮木水一

□木与天齐，水波济之。文与秀并，公侯根基。

◇浮木水二

□水浮倒木，玉鞭之族。秀气所钟，富贵之福。

芦鞭皆此类，故曰族。

◇浮木水三

　□木根得水，文而且贵。不孤不露，方为全美。

　发挥曰：此三者，名随相同，而轻重则异。第一者为最贵，第三者次之，第二者又次之。盖第一为侵天之木，而木根以水润，故曰文与秀并。复穿为倒地之木，其贵可知。第三为倒地之木，亦以水生木根，不通身浮浸，故曰文而且贵。木穿而传，复开枝叶，木旺而贵气条达也。

　第二虽为玉鞭之族，然倒木受浮水。水旺木弱，故不如一与三也。

浮木水一 　　　浮木水二 　　　浮木水三

泼火水

◇泼火水一

　□火能生水，顺大之理。名为泼火，此星大贵。

　发挥曰：谓火能生水者。大凡火气升蒸，则自然成水。如水银亦火之所生也。故曰火能生水。火星落而为水星，穿出复传水，以火所生，故曰顺天之理。火本禄主，而秀气生出，故曰此星大贵。若水多火少，则吉凶或相倍蓰矣。先有火，后有水，故水以火而生。于理亦顺。若先有水，后有火，即真为水泼火。更两水前后相夹中间一火，则火为水胜，必有凶祸生乎其间，此不退以理推耳。

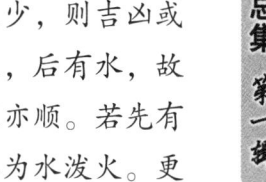

玉髓真经

◇泼火水二

□以水临火，前后沃之。虽秀而贵，亦有祸基。

发挥曰：二水夹一火，则火必不胜。虽穿心正出，既贵而秀，然仕宦多龃龉，或以刚愎自用反受大祸。如西汉杨恽，其母为司马迁之女司马英，官封平通侯，迁中郎将，位列九卿，持才傲物，终为汉宣帝所腰斩，不能明哲保身矣，故曰虽秀而贵，亦有祸基。先有水，后见火，故曰以水临火。临者，以高临卑之义。水星必高于火，故火被水胜。复变为水，而火不能传矣。若更非穿心正出。则不清，不贵，不秀，不富，惟主瘟火而已。

泼火水一 　　泼火水二 　　泼火水三

◇泼火水三

□水火相什，清秀寡合。仕出遭章，贫富灾剥。

发挥曰：水既临火，而水从火出。若龙气未住，固为驳什。或传而为水，水旺经退卸则可，若就此结聚成穴，则水在火中，反受煎熬。他日仕宦则有鼎镬之酷，平居则有瘟火之灾也。昔韩淮阴侯韩信之祖，只为水火相什，故功名不克令终。一行禅师所谓火落水，水落火，皆所不取。然五行虽各有相生相克，而造化各不同。若以水火论之，则水自有胜火之理。而今反谓之火胜水者，何也。盖论地理之五行，如论人之五行。其为五行则一，而术数家谈造化，则各不同。大抵术有精粗，见有深浅。谈之得其妙者，祸福必验。不得其妙者，祸福皆有差殊。五行一样，而祸福殊。非五行不同，谈造化者不同故也。张子微五行造化，自得要妙之学。他人视之若难，而子微视之分毫不差。如悬宝鉴也，故今学者，全在认识造化，始造玄妙。

韩淮阴韩信祖坟

□千霄吉按耸奇峰，旌节团兵出武雄。此是淮阴韩信祖，留名万古汉书中。黄班峡裏路迟迟，早起人行怕日西。不见神仙造微妙，谁能指石认羊蹄。

发挥曰：此地以龙言，则木火相杂。以穴言，则水火相杂。烧克煎烹，自然杀戮虐剀，故其发也，主杀，其败也，亦主杀。大率火旺而土木水弱故也，大贵大祸，识此之由，不可不察，偶得是图。附载于此，以见玉髓所论之验云。

淘土水

◇淘土水一

□土厚水游，富贵俱优。节节退卸，卿监之俦。

发挥曰：水游者，游泳之义。土星之山，出低平水脚，故曰水游。土惟厚，故水淘不去。土一节高一节，故吉。若一节衰一节，则为水所胜。即为浮浪之土。主水灾溺死，飘荡离徙。今此土本厚，又节断落退卸。古人所谓断而复陟是也。故曰富贵俱优，土福厚重。财实而禄轻，故止于卿监。若土得火生，即又大贵也。尝见于古图中。见王陵祖坟，乃火土相生，故大贵然复

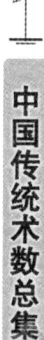

无水，故不秀，今附图于后，观者，可以类推之。

◇淘土水二

□土厚水清，得秀之精。富中之贤，盖世之名。

发挥曰：土得真水，故清。

而得秀气之精粹也。然此水中之土星，须皆石体方妙，若真水淘其土亦不佳，且有高岸为谷，沧海桑田之应。此经中，有水巧类此，乃水中见石骨也。

淘土水一 　　　淘土水二 　　　王陵祖坟

□行程记云：王陵祖是兑山乙向。五行谁人识，水流巽丙甲东行，代代统天兵。独镇汉家为上将，乾坎生涯障。领兵斩破楚宫营，辅国有声名。

杨筠松云：此地屯军山行龙入嶂，过三台山入穴。武公端座形，排兵案。前有鼓角，旌旗兵器甲仗，兜鍪，宜出上将。只

不合坤宫低，是地母卦。巳丙是坤家生气于金之山，巳是长生。艮巳二山怕属木，克坤家，又是廉贞，又是绝体，致母自刑也。（经云，兑火常居极火星，迁出王陵夜斫营。独镇汉家谁敢敌，二木山高母自刑。谓不合坤宫低陷，震艮山高也。）

发挥曰：坤宫低陷，致母自

刑。此一说法耳，王母高鉴远识，知沛公刘邦必得天下。自殒以绝子之念，此其用志，正为显子孙，兴门户，以显其身。遂使汗青垂芳，名著万世。固非匹妇自识之比，此未必风水之罪过。大率术数家多取四维无陷为主。若泥而必以刑母为虑，不几惑孝子之心。而弃万全之地耳，论地理者，更且晓此。

淬金水

◇淬金水一

　　□火炼成金，金淬成器。此水特秀，自然出贵。

◇淬金水二

　　□金伤于火，瘟火之祸。得水淬金，秀气结果。

　　若金在火中而无水，则发瘟遭火，有水则反秀矣。

淬金水一

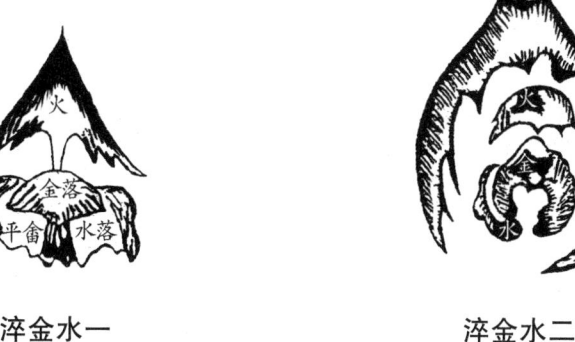

淬金水二

　　发挥曰：金本畏火克，若金被火烁镕消灭不胜，见此形者必主瘟火。若火中出金而淬之以水，则为成器之金，是金得火煅，水淬而成器。于火无伤，而水为秀曜，反是生气，而火曜亦反是秀气之所结果，或为内牙刀之类，不谓之凶矣，一火一水之间，祸福如此。盖当以物之常理推之也，不然，为何谓之融结造化乎。

淘金水

◇淘金水一

　　□金小水行，清秀驰名。侍从监司，金水之英。

　　发挥曰：金本为武星，得水而秀，故可至侍从监司，水山上

玉髓真经

出小金泡，故曰淘金，仍传出金穴，犹水淘而得金，仍带水曜，宜其清秀而贵显也。

◇ 淘金水二

　　□水能生金，淘之益显。秀气灌金，仕宦绵远。

　　发挥曰：此真水之中有金山也。凡物理之顺者，必吉而多福，水本金生，物理之顺者也，水淘之而益显，非水无以见其光采也，以秀气而洗濯，金星必无隐晦不彰之理，故会出人仕宦，自然绵远。

淘金水一

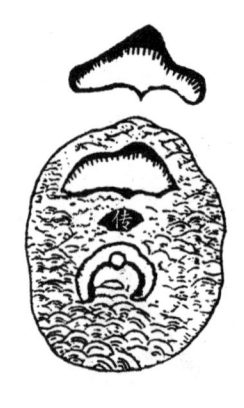

淘金水二

出山水

◇ 出山水一

　　□出山之水，透气迤逦。出人清奇，贵而且美。

　　纯水不什，故生人物清贵而状貌美也。

◇ 出山水二

　　□三台辅弼，夹持而出。水在中间，三公巨室。

　　发挥曰：三台华盖，穿落为平冈之水，两傍山为之辅弼，而又多是金星融结之山，为富贵无比。三公，盖出于三台华盖也。巨富，盖带仓库多也。

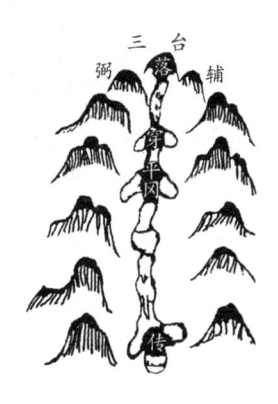

出山水一　　　　　　　　　出山水二

养龙水

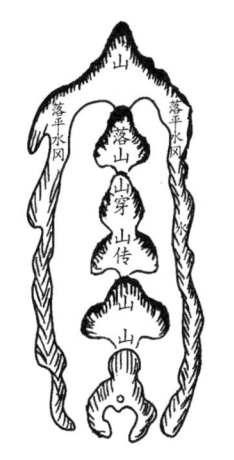

◇**养龙水一**

□龙高护低，乃水之奇。八监座司，由此而基。

发挥曰：正龙山高，而两傍护送之山低。然众山低，高者是。众山高，低者是。两傍低中高，此其为贵，穿心开障，而不结稍，亦不过府也。但龙法固有不穿心不开障而过府贵者，又是形类不同，自有取用，亦不可以一概论。若既起大星辰，穿险过峡，忽如生龙活龙，或如连珠缨络鸾凤鹤燕者，不在此例。大抵学者全看造化变换，融结形象，深于造化物理，自然得其要妙也。

养龙水一　　　　　　　　　养龙水二

◇养龙水二

□养龙以水，金生秀气。世世朝郎，皆出此地。

发挥曰：前图正龙亦穿落皆金。此图亦由金星落为平冈融液之金，金融液而得水必结，故于坪畲水中溜，出平冈一线，即为小巧之穴。盖金融得水，未有不结者也，故铸则成器，淬则成剑，皆理之必然。但此金必是先有火星临之，故见火而融，不然，金在水中，无因自融液也。若在先不见火星，则不得为融液之金，只可作水星论耳。先贤所画之图，各以其名，只取一项之义。故不及更图火星。若火之镕，又当在别星中出之，故夫学者，若不造物理，徒按图索骥，刻舟求剑，鲜不误矣。又有真水养龙，亦同此名，但前人取义不一，多于他星中互出。如夹有泉池者，亦可为养龙之水，盖已于淘类中言之矣。又如淘金真水，淘土真水，亦可为养龙之水。盖已于淘类中言之矣，当此意类而取之。

浮尸水

◇浮尸水一

□低平水波，浮尸嵯峨。溺水寻趋，无尸奈何。

发挥曰：尸山，余于前论之详矣。但浮尸直行者，须带脚手，方为尸山。横流者，只观有头脑肩腹，即谓之尸耳。直流者无手脚，即或为龟，为鳖，为犀，为牛，亦且相似，如有手脚者，又有一焉，有首尾脚手生活，又是蛟龙之类。此等皆当详细察之，大抵先贤图式，只举其概，或是传录讹舛，不可只据见此处之论也。

◇浮尸水二

□浮尸重重，肿病癫钟。水蛊相承，离乡更凶。

发挥曰：如此横流之尸，只有肩脑，使可曰尸。凡带此恶状者，皆主人出外溺死，寻尸不获，及离乡飘泊不定，初出人黄肿水蛊，妇人怀孕而死，最为不吉之龙，不宜取用。

◇浮尸水三

□两水夹尸，远送异归。行船溺死，哭杀妻儿。

发挥曰：直流之尸，当以此形为式。

浮尸水一 　　　　　浮尸水二 　　　　　浮尸水二

下棺水

　　□下棺水形，土败而成。船中溺死，千里招灵。

下棺水

发挥曰：土败之说，前面此论之详矣，棺形须是头高尾低，方为棺形，方正端平，即是柜库箱印，不可概以为凶。此等龙不止为溺死，亦主客亡异丧而归，图有吉龙中偶有此形者，亦主仕宦异丧归也。

下滩水

◇下滩水一

　　□高山水下，如滩倾泻。双龙送行，清秀贵雅。

◇下滩水二

　　□高山撒下，落出平野。清秀小官，妇人多寡。

　　发挥曰：二者皆下滩水，一是穿心，一是平冈护送。故清而贵。一是高山下脉，出平野，无缠护，故虽贵亦小，而妇人多寡也。

传送水

□水相传送，屈曲如蛇。秀士升朝，声价光华。

发挥曰：传送者，传送入穴也。节节穿心护送，而又纯得秀气，此其所以贵，而声誉振扬也。

下滩水一 　　　下滩水二 　　　传送水

火　星

焰天火

◇焰天火一

□焰天火星，禄气聚成。大贵有福，要看大情。

言要看能大情，若龙气全秀，则无祸灾，贵有以济之也。

发挥曰：焰天火者，以其高也。大情者，观龙气驳什，或有生克传变不同，摽落断陟有异，此其大情也。凡突起奇特皆贵，光圆端好，此为第一贵。摽者，起祖宗之谓也，落者，初穿落之谓也，断者，退卸平断之谓也，陟者，断而复起之谓也。此亦是一家之议论，因发挥互见。

◇焰天火二

　　□焰天分焰，非台非盖。本身只净，禄贵无害。

　　发挥曰：台者，三台也。分落平地起三峰，则为三台。今此星只于顶上分三焰，故非台。盖者，宝盖华盖也。顶圆而高，平分两肩，则为盖。今此顶三尖并聚，故非盖星，若此星只分三尖，或四尖，五尖，身中无破碎，及更起小焰，亦为第二之贵。故曰禄贵无害，若中间更起小焰，而有吉凶祸福相什，此亦要看大情之义也。禄贵者，言此禄星，贵而无害也。

◇焰天火三

　　□火焰烧天，遍身连延。贵气速发，吉凶在焉。

　　发挥曰：火焰全身发露，则火失之烈，其发虽速，亦有凶寓焉。只言吉凶在焉者，正须看大情。若穿变有以济之，则全吉，若穿变复有克剥，或以火济火，则凶矣。大凡先贤议论，皆有深意，更在详精意义，诸家所传图，多讹舛不同。余所传受，盖得张子微七世孙驾部公家藏善本录之，学者当于此观星辰力量，祸福轻重，差之毫厘，谬之千里。且以此本定吉凶也。

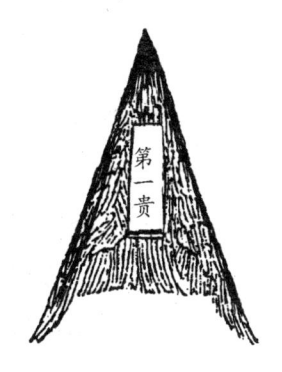

焰天火一 　　焰天火二（无破碎不起小焰为第二）　　焰天火三（第三贵）

◇焰天火四

　　□火中生水，依前大贵。位极破家，门无噍类。

　　发挥曰：水火相什，而烈焰生，大贵，发速，但所生之人，性亦不常，必燥烈反复，必为恶

玉髓真经

道，或怨望激怒，必破家灭门不已也。

◇ 焰天火五

　　□火焰破碎，因贵得罪。反叛无君，脱服发配。

　　发挥曰：但火焰破碎，则非全身破碎之比，故祸轻于前第四图，然贵气亦轻矣。

焰天火四

焰天火五

行地火

◇ 行地火一

　　□行地全火，无变无锉。发火生殂，贵中有祸。

　　发挥曰：此星贵者，以禄星带曜。有殂火者，以全身是火，而火旺，无以济之。贵中有祸者，亦以无变换，故节节皆火，自是难禁。大率火星皆贵，贵有变换而有以济之。若如燎原之火，不可向迩，不待智者知其不全吉矣。

◇ 行地火二

　　□此火行地，大富大贵。田中生曜，监司捆制。

　　发挥曰：此亦全火，而大富大贵者何也，火落平冈，又为田曜，则已经折挫，而田亦水利，则火带秀气故也。此图很详细，非但以火带田曜为贵，盖后面已耸起火星尖秀为主，两傍又有秀峰相对夹辅，则其本身已贵矣。

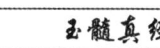

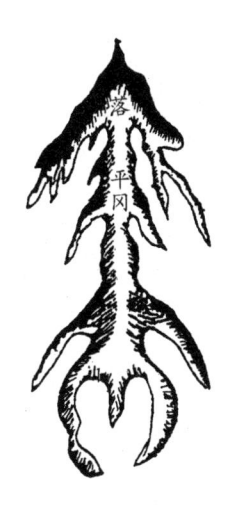

行地火一 　　　　　　　行地火二

烧木火

◇烧木火一

□火变有本，是为火福。木变生火，是为木祸。此言看原本来龙，若是火星行龙，今火架木，则火得木而益盛。若原来是木星行龙，则木遇火而被焚，反为木之祸矣。要详细观之。

发挥曰：此全是论生克造化。若先是火而得木，则木能生火，故于火无伤而有福，随火旺而生也。若先是木而得火，则火能克木，故于木有伤而有祸，祸随木伤而生也。

烧木火一 　　　　　　　烧木火二

玉髓真经

◇烧木火二

　　□烧木之火，少福少祸。退卸生曜，却为要妙。

　　言要退却遇作成变火传，而生曜星石尖方好也。

架木火

◇架木火一

　　□架木生火，有龙那过。文秀虽好，恐其根祸。

◇架木火二

　　□木上生火，文星负荷。禄自文生，声名远播。

　　亦要看原来龙及穿变出去如何，若木龙生火必有祸，若火龙得木无害也。

　　发挥曰：二者皆为架火之木，一云根祸。而一云负荷。何也？盖立木必是胎息已传之木，而为火所烧，故言虽文秀而防祸生其中，故言根祸。眠木必是火星出为平冈，乃于平冈上出石尖，宜其祸福不同也。

架木火一

架木火二

入水火

◇入水火一

　　□水夹火来，其势必衰。富贵不永，无可栽培。

　　发挥曰：火得木则生，得土则存。盖土虽克火，亦能宿火，水则能杀火，水为主而火旺，则有煎熬之害，火为主而水旺，则有沃灭之忧。此星两水夹火，则水必胜火，火无木而遇水，故曰无可栽培，使先得土宿之，木生之。而遇水不盛，则有所栽培，而水者适所以济之也。

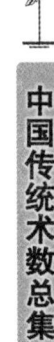

◇入水火二

□火带水脚，不强不弱。火大水微，富贵快乐。

发挥曰：此火起峰，而脚生水。虽是火性蒸感而成水者，然只是火中精英之气，且火传既旺，得水济之，无复殂火之祸，而有清秀之喜，故曰富贵快乐。

入水火一 　　入水火二 　　既济火

既济火

□水火既济，至润至粹。禄曜生奇，两府大贵。

发挥曰：此以星言之，则为济火之水。以龙言之，则为养龙之池，此类于池水式中可互见。火燥水湿，故润。火刚水柔，故粹。禄星带双池夹生奇，故至大贵。

煅金火

◇煅金火一

□火煅成金，名贤盛心。立功立名，金玉之贵。

此星当以金为主，得火曜而后发达故也。

◇煅金火二

□火煅成金，变金传去。脱去火曜，大贵而富。

发挥曰：一行所说，以金受火烧者为凶，然造化取用不同。金大火小，金山火坪，不必以火为主，皆可取用，然须金星圆净，节节微断，而低平处却带火焰，即为煅成之金，煅炼既成，变金而传，此其所以与受烧之

金不同也。若例以为火克金，则是金不见火，无由成器，故火能克金，亦能成金。但使金强火弱，金聚火散，则无害于火也。金圆净，则如已煅炼成器之金，但须火煅出冶耳。弱强聚散，山坪大小之说得之耳。

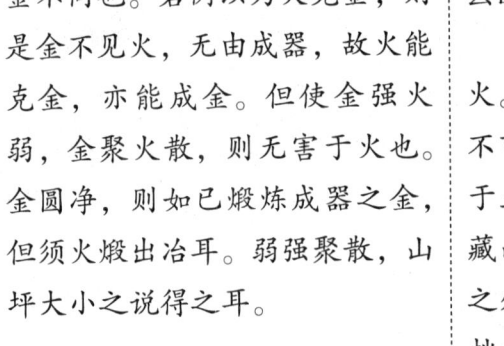

出土火

□火龙遇土，土山出火。前去出贵，从此折挫。

发挥曰：土能救火，亦能宿火。火经宿而弥明，光芒发露。不可掩覆。故曰前去出贵，火宿于土。气脉若断而实延，光辉若藏而实存，必须顿挫退卸断落之处，故曰从此折挫，非谓被折挫也。既退而断，火宿而改，所谓断而复陟，故出贵之穴，必须前去而后有也。

煅金火一 　　煅金火二 　　出土火

生土火

□火能生土，贵而且富。不生秀峰，去文换武。

发挥曰：火既生土，若别起秀峰，则为文中之贵。今不起高耸之峰，而变中常之金，以火而发，以土而厚，变文为武也。土能生木生金，木为文星，金为武星，若火既生土，土复生木，则起峰必高耸，出人必文，而且贵。今火土生金，金又低矮，出人必以火而秀。传金而武也。火为禄，土为财，故贵且富也。

焚尸火

□尸在火中，莫大之凶。客死千里，子孙贫穷。

发挥曰：尸之为山，不问是何山，皆凶之。

生土火

焚尸火

金 星

献天金

◇献天金一

□献天之金，五山林林。顶平而圆，五马骏驰。

发挥曰：献天者，取其高也。五山聚立，山形必小，亦不为甚高，故不如特立者为独贵也。顶平而圆者，非如水之平，如木不耸，如火不尖，此金之形也。

◇献天金二

□特起献天，侵云而圆。一品极贵，重执政权。

发挥曰：凡大星辰，以特起孤立者为贵，倚附林立者不如也。附家藏韩魏公祖坟图，乃特起之金也。钱告院祖坟图，乃倚附之金也。贵气轻重了然可见。今附载于后。

玉髓真经

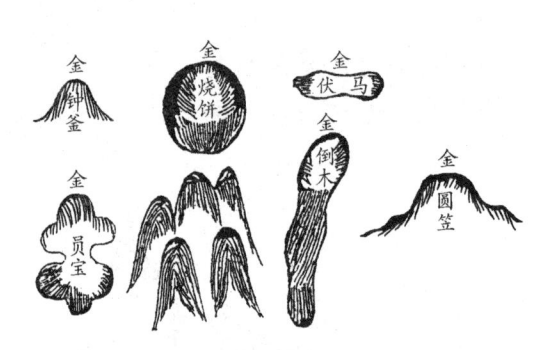

献天金一

献天金二

发挥曰：五星惟木火水可偏落，亦须有小峰及端的之脉。如模糊偏斜亦力量轻，土与金则有定形，故必须中心正脉方为佳也。倚附特立之说，只发挥前人之议论所未到处。

韩魏公祖

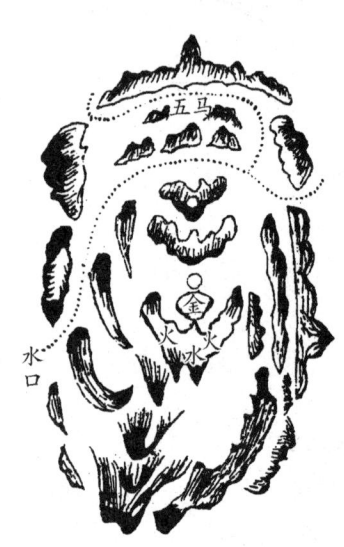

钱告院祖

定座金

◇定座金一

　　□定座巍峨，次于献天。特立耸翠，八座齐肩。

◇定座金二

　　□金山石骨，当有曜出。若还生曜，将帅资质。

发挥曰：前星土质也，此星石质也。土柔，故文。石刚，故武。加以金本武星而又生曜，此其所以主将帅，此曜乃金秀气所生，非火也。然亦须看前后取用如何，若前后皆秀，而有石质之金，生出曜气，则又不止将帅，当见极品之贵。

此言将帅，不必武臣，大率贵龙中见此星者。虽文章大臣，亦出将入相，若不带此星者，只主内任，不主远处帅权也。

定座金一

定座金二

出火金

◇出火金一

□出火真金，成器可钦。此龙出贵，仔细推寻。

发挥曰：金出火而传为金，前去传脉既定，必有佳地，故当需推寻也。

◇出火金二

□成器为曜，金中最妙。秀出升朝，谋谟廊庙。

发挥曰：此火已是曜，但元以火为主，故归之火，至变而传，则其曜也。

出火金一

出火金二

堆地金

堆地金

□金形堆地，富而且贵。家资巨万，八座地位。

发挥曰：此星大类水星而非，盖水星山高，石脚浮动，金山端正，山差低而脚圆净，不如水波浮动也，有堆金之状，故大富，传脉端正，故亦贵。

出山矿

◇出山矿一

□山矿未变，其骨犹贱。若遇火星，贵气方变。

发挥曰：出山之矿多乱石，未经煅炼之金也，故其质犹贱。若得火星煅炼退卸过，方为成炼之金，贵气始生也。

◇出山矿二

□真矿金石，光圆之极。武职封侯，立功外国。

发挥曰：前有定座金带曜者，山之高大者，此石矿之山低小而又无曜，然前一石矿，则是乱顽石，故贱。此混然光圆之石，所以为贵，不可一概论也。

前图乃乱石之矿，此图乃光圆之矿，故曰真矿。虽未煅炼，质已可贵，有破碎混金之别，然不煅炼不退卸。虽其它从即数带，贵亦主止于武臣而已。

凡山之有碎石友生出顽石者必不佳，此理之必然也。

山出矿光员只是一个石座成一山外皮光如卵壳者是

此图矿之带火者虽金形主无石处乃土山也

迎 迎 传 金传脉 送

石质落 石变土 土质 土山 金屋

出山矿一 　　出山矿二 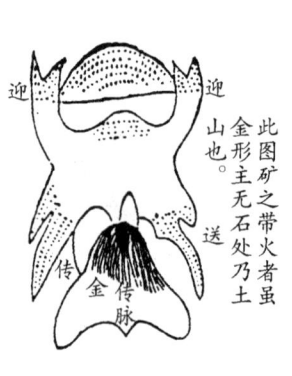　　出山矿三 　　出山矿四

◇出山矿三

　□金矿得火，煅为美金。真曜金贵，世世朝簪。

　言此图矿之带火者。

◇出山矿四

　□火煅成金，美质光明。传得本性，世世公卿。

　发挥曰：后二星，乃出火金之类，然不附于出火金者，缘石山本为金矿，始得火煅炼而成金者也，然自有曜，此为何不为金曜，而归之火者何耶。盖未变之金为矿，而带火曜，则火为已变之金，得火传土，既养既炼，若有此曜，则为金之秀气，而非火也。故其义不同耳。惟其石质之金而后传，此其所以贵也。

出土金

◇出土金一

　□土山出金，微脉难寻。富多贵少，牛马成林。

◇出土金二

　□五金出土，文中有武。家赀巨万，声振寰宇。

　土厚，故富重而贵轻。

◇出土金三

　□平土生金，金数成五。富贵兼全，兼资文武。

　土薄，故二者并。

出土金一 　　出土金二 　　出土金三

　发挥曰：土中生金，土厚则富多，金旺则贵多。然尝历览山川之胜概。大率不问土之厚薄方圆，若金脉从土而出，只直排

玉髓真经

一路而行者，力量专而多贵，若横排乱出，或五，或七，或三或四，其脉不主于一，则必只为富，不贵也，此等金星，必是前后是金，忽得土而旺，但埋光铲形，藏于地中，终不可掩。穴出土面，传又得金而直出，则其贵亦不量也。

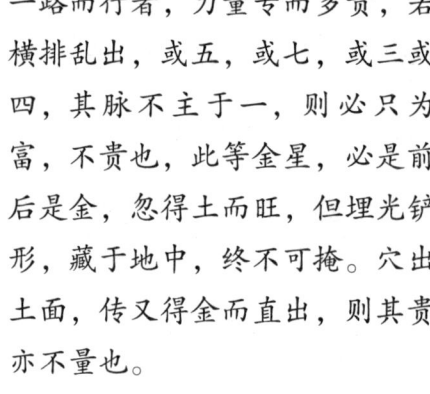

平土者非土，为平冈之土，固有高山平顶，而金脉出乎其上，或如厨，或如冕，或如毡褥，而金脉出焉，直排纵横，其脉专出则贵，发达不可量也，若或七，或五，丛然而出者，金脉不正，不可定为贵地，大凡土星峰上特出一金者，文胜于金，金气不振，亦不大贵。若后来穿落是金，前去变传亦金，则又不如此立论，乃是金星旺而暴露，亦不可土厚论矣。

木　星

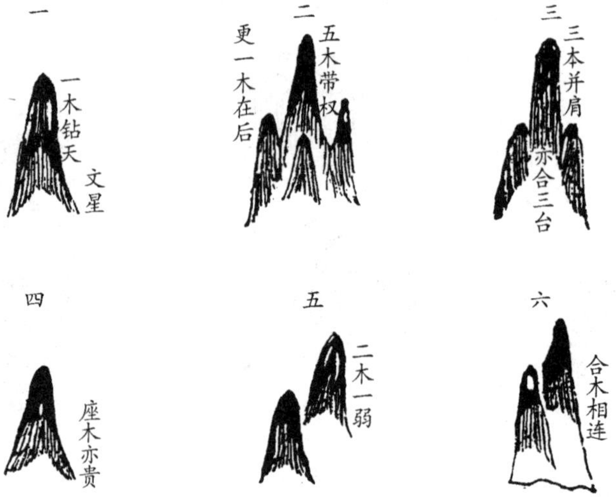

一　一木钻天　文星

二　五木带权　更一木在后

三　三本并肩　亦合三台

四　座木亦贵

五　二木一弱

六　合木相连

木星

发挥曰：此泛论木星之形，一木特起，而高耸入钻天云者，第一贵。五木以其中一木为主，而四木附之，故曰带权，此第二贵。三木并肩而分明者，亦合三台，此第三贵。座木虽卑矮，然亦是特立，此第四贵。二木一强者，强弱并立，而强者独立特起，其他皆依附而生，所取者在特立之强，不在依附之弱，此第五贵。合木而连者力量犹轻，此第六贵。大率星辰以特立为上，若有依附而不能分其权者亦佳，若横开一弱，则弱者无贵气，不如一高一卑，卑者宜出，最为奇特也。

木星分脉轻重论

凡如此二图，从中正出者，或起峰泡，或起线脉，或不起线脉，或只出一小峰，从中出者，第一贵。

凡起峰泡或分脉而出者，虽轻亦重，若有脉出则轻，如不过峰泡，但特起线脉者，亦气脉分明而重也。

左右皆脉出则轻，他无脉出，此为正，合木正面，而从所合之小峰出则重，重换出则轻也。

发挥曰：凡木生不畏偏出，但要端的之脉，不可模糊鹘突，若正中偏出，则模糊，亦无害也。

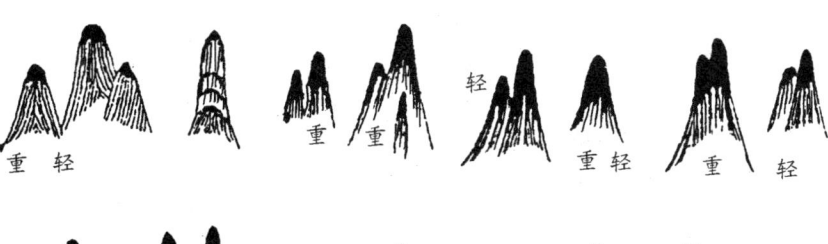

木星分脉

通天木

□一木通天，特起力专。文星孕秀，极品贵权。

身瘦而员

金而非金

身肥而从耸似

通天木

发挥曰：前泛论木星之重轻，今则独指通天木星而言也，前所论木星偏出者，有阴皇后祖可证。

□仙女乘鸾实不凡，前有诏仙牙笏山。盈门朱紫妃嫔贵，白日升天出世间。

满床牙笏

诏仙

侍仙

仙女乘鸾形半月按长生飞升

水口

水偏出

阴皇后祖

发挥曰：此图可以别贵贱。

决疑似者有三，其一是大峰不傍落，又有数说，五星中惟木星水星火星有傍落，土金不宜傍落，是一说。凡星辰傍落者，须要于落处生小峰峦，或分明出鹅顶线脉，若不起峰峦，又不出鹅顶，只模糊鹳突，即无贵气，是一说。一峰落处，即有脉落出，即不问在左在右及在中心落，有二三脉穿落，即须以中者为最，傍者无取，然皆要落得分明是一说。此是木星傍落，特起小峰，见落处分明，仍无别脉分气，故贵龙势飞遮，两傍亦有短翅，又如水萦波回。故不可以单独论，形象既真，明应皆正，护卫森森，堂局端明，观者当自权衡也。

行地木

◇行地木一

□行木眠地，枝柯小延。龙秀而单，须看护田。

发挥曰：倒地之木，自是小枝柯，此龙虽然手脚短少，非有缠护，则成单独。故曰须看缠护，又无脚手，即香火之龙耳。

◇行地木二

□兼葭开叶，既衮且延。木

回而抱，龙气必专。

发挥曰：行木本枝柯短少，乞有回抱傍枝，则由中而行出者，龙气独专矣。

◇行地木三

□生花出秀，文星显然。若逢真应，登第升仙。

发挥曰：木旺则生花，此理可观尽绝之说，拱护在中者，尽龙也，生花落田者，绝气也，木之余气发达成花，此可以见木之秀，而不可以为木之实。譬世之木植，花蕊灿烂，非不可观，然花解落而木实，则在余气向地处，不堪取用也，故子微于后有尽绝之说也。

行地木一　　　行地木二　　　行地木三

架火木

◇架火木一

□架火木星，龙变则宁。龙如不变，温火相仍。

发挥曰：若火为主，则火得木而旺，木为主，则木被火而伤，须退卸已过方吉，故变而后宁，不变心，则主温火之祸也。

◇架火木二

□石尖出木，火焰不续。再传得木，公侯满族。

发挥曰：此火自木梢而出，则火将绝矣。火必不传而木传矣，木传则火衰而木旺。前传火尖，适所以发其禄气也。故与前面架火之木不同。

架火木一 　　　　　　　架火木二

穿火木

◇穿火木一

　　□木穿于火，火势相传。火得木旺，禄气绵延。

　　发挥曰：木能变火，火得木而更旺，于是传而为火，禄气发达，必出大贵之人。

◇穿火木二

　　□穿火之木，行龙则佳。若便作穴，温火破家。

穿火木一 　　　穿火木二 　　　穿火木三

　　发挥曰：此等专指行龙而言。本是木星，又落为眠地之木，火出两傍，只是曜气，故行龙则无害，作穴则不宜，须是退

卸，或别传高耸之木方妙，只如此入穴，终不免温火之祸。

◇穿火木三

□木旺火弱，烧火不着。木星再传，世受朝爵。

发挥曰：高山之木，落为平冈，三木平出，而平畲火脚，适足以发其禄秀耳，乌能伤木，而又再传而为立木，宜其富贵陆续也。

发火木

□火气欲传，资木而燃。禄气既旺，簪绂绵延。

发挥曰：木变为火，变火既成则吉。盖木替而火为主，故也。

出土木

□出土之木，定生文星。文气既旺，富贵声名。

发挥曰：木本为文星，此言定生文星者，多于立木之外，别生蛾眉一字之类，若传变此龙，其文章声价，官职名誉，必非寻常之比也。

发火木

出土木

穿土木

◇穿土木一

□穿之土木，传归本族。木得土旺，为官为禄。

发挥曰：木最与土相宜，一木而三土培之，木生必旺，故曰传归本族，而官禄盛也。

◇穿土木二

□土星起伏，中间生木。巨万家资，金紫照屋。

发挥曰：五土培木，木既传

而秀且旺，宜其富贵伦也。

架土木

□架土之木，木受土覆。土气如旺，大非木福。

行地木带土。

发挥曰：架土之木，与穿出不同，穿出者，得栽培之力，架土者，受覆压之害，木受土压，朽腐而已矣，故曰大非木福。

穿土木一 　　　　穿土木二 　　　　架土木

穿水木

◇穿水木一

□水旺木衰，此穴难裁。若更木旺，方可栽培。

发挥曰：水旺则木为水漂，荡着不定，不能生矣。若变而传木，木旺而后有可栽培也，不然，有祸而无福也。

◇穿水木二

□木多水少，木以水旺。更传木秀，公侯将相。

发挥曰：木资水以生，今木多水少，是木得水而旺也。但以余观之，天一生水，而成之者地六也，所以天一生水，而不生他者。盖万物必始于水，人物胎生未成形之时者，水也，草木萌芽未成形之时者，亦水也，及其生也，为人，为物，为草木花卉，而一泓之水发达如此，则如此形象，既有木星为主，而穿落又是木星，二柯并出，乃为水曜，即是二柯之梢。存苞蘖之木，未能为花为叶，而方苞方体，将以为花叶者也。故经云，木以水旺，非专为得水之旺。盖苞蘖之初，以水为旺于未成形之前者也，若再传木，宜秀而贵矣。夫以方苞之木，逢春发达，犹可想其盛旺之际，何可沮耶。其变传必有耸天之木，非他木之所能拟伦也。

发挥一文，盖论精玄之造化，有非浅学所能谈说，但木以水旺，亦世俗通常之理，物理自然之情，虽不必玄奥，亦自造化也，故僭及之。

穿水木一

穿水木二

浮水木

拦水木

金斫木

浮水木

□枭枭芦鞭，浮水而行。文星带秀，富贵声名。

发挥曰：所穿之木，乃芦鞭之形。此木本贵，而又得水滋润，所以秀也。水为秀星，若水旺木衰，则为祸之根，此木旺而水微，则为福之源，此所谓得水而旺者也。

拦水木

□木星拦水，文星之寅。再传木旺，公卿之位。

发挥曰：拦水之木，本自吉凶相半。如此星辰，却全吉而无凶，盖后虽水山，既以横木拦截，而又再俾传，得木星之正。此其以文星而论造化，其贵可至公卿。

此星贵处，全在再传得木，故可至三公九卿，发挥谓再传得木星之正，而后可论文星之造化，若只一木，岂能拦汹涌之水耶。

金斫木

□金斫成木，文星带笏。大富大贵，皆出秀骨。

发挥曰：金弱木强，故不能胜木而变文星，所以富贵皆盛也。秀骨者，所生之人出秀骨也。

架金木

□木架以金，金性相侵。再传得木，金紫如林。

发挥曰：木高金卑，金不胜木，必复变为木，而传芦鞭秀，而传木笏，此金紫之所以如林也。

簇金木

□箔金簇木，桩銮之簇。师巫神术，为民作福。

发挥曰：金小木大，不能胜木，但金小而多，木大而少，如妆銮神像之状，故出师巫禳之术人而已。然犹能推此福以及人也。

架金木　　　　　　　　簇金木

穿金木

◇穿金木一

□穿金之木，文武兼资。只为金少，乃为福基。

发挥曰：金本克木，木本与金不相宜，而今反吉，何也。盖木旺中行，金弱傍护，木为文星，金为武星，故文武相兼，出人有全才而享富贵也。若金大木小，金多木少，则为祸胎，非福之基矣。

◇穿金木二

□金多木少，龙行单独。木性有伤，非后之福。

发挥曰：穿金之木，本多不吉，但如前星金少则可，或金多木少而吉者，以木变为金，金气旺而替木以传，则凶反为吉，若木不变，而金旺夹持之，必非后人之福矣，此造化之妙，所以未易论，而论地理者，格物而致知之，失鲜矣。唐李卫公祖，以五木穿十金而行，终变为金，复变水传入穴，此则金胜变为金，盖祖宗亦金故也，若木伤于金而不变，则反为祸，专在看所变如何。

□势似群僧出阵来，锦墩山下过江回。

带子蜈蚣形出穴，秀才出去状元回。

发挥曰：古诗云秀才出去状元回，非也。金旺木衰，金是武，故武以策动，古说盖未审耳。

玉髓真经

穿金木一 　　　　穿金木二 　　　　唐李卫公祖

贯金木

◇贯金木一

　　□木贯金行，木胜而生。蛾眉文星，共出声名。

　　蛾眉金星，文星然也。

　　发挥曰：蛾眉文星，亦木所化，其形体则金星也，故曰共出声名。

◇贯金木二

　　□木星带曜，贯金而小。出穴为毒，龙带为福。

　　发挥曰：木星带曜者，谓木贯金，而生金曜，如枪刃之属，故在龙则吉，入穴则凶。

脱金木

　　□出金如削，尖峰带脚。文人更贵，代代高爵。

　　发挥曰：脱金之木多吉，如枪刃之干，脱从金管中出，其尖如削，愈出愈秀也。

揉金木

　　□金揉木曲，终久蜷躅。退卸得传，方得为福。

　　发挥曰：木受金揉，是木受屈也，金传为金，则木之祸可知矣，若此去退卸，不传金而传木，则佳矣。

玉髓真经

蛾眉亦木所化行为金星

贯金木一

失曜金者非火也

贯金木二

脱金木

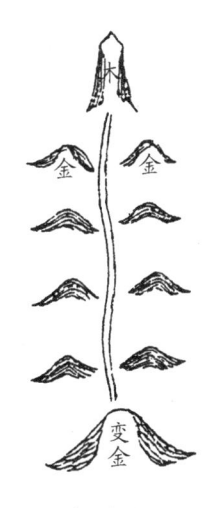

揉金木

土 星

凑天土

◇凑天土一

◇凑天土二

　　□百万囷仓，大富无双。御屏起障，公侯将相。

　　发挥曰：山顶差圆者，百万仓也，山顶正平方者，御屏风也，仓主富，屏主贵，方圆分毫厘，而富贵为两歧，富者大富，贵者大贵，以星辰大故也。

◇凑天土三

◇凑天土四

　　□上天木高，贵夹富豪。平天冠贵，面圣地位。

　　发挥曰：上天木，圆竿如瓶，而顶平如截木，故曰上天木。平天冠方竿如厨，而顶平如戴冕板，故曰平天冠。

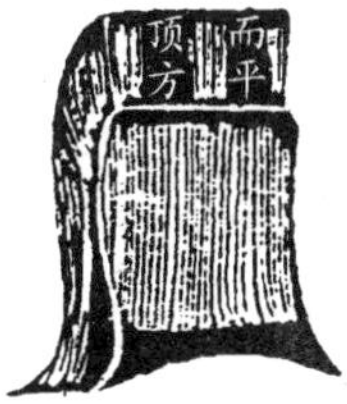

木主富贵，而有任侠之意，冠主尊贵，而有师传之体，然土星气脉必须正出，不可偏斜。

或辩余曰：五星为何水火木三星可偏出，而金土二星，独不可偏出，此其故何耶？予答曰：物有自然之理，地有必然之势，以物理而推地势，而识龙情，不可易矣。今以物理推之，木生而体干圆，枝柯根连，不限以何方而延长，惟得水气之盛者，向长耳，故木星不论偏正，但要传脉端的，显然可见，若只有一脉分落，虽偏无害，水盈科而进，就下而行，有一线之路，则流由此而通，亦不限以方所而流注，惟满故溢，惟缺故流，故水星亦不论偏正。但要源委分晓，穿落可辨，若只有一脉分去，虽偏亦无害，火无定形，有所凭引则行，亦不限以何方而延燎，惟焰烈处易发达，故火星亦不论偏正。但要焰头长处分明穿落，若只有一脉分出，虽偏亦无害也，然三星若是偏出，却要别无他脉，然后偏出者，亦重而富贵，若有二脉三脉分出，则一定有偏正之别，当以中正者为重，而偏傍者轻矣。水火无定形，不可拘正脉。木虽有定形，却无定脉。

唐房瑠祖

枝柯随所发达，至于金土，则皆有定形，故必以正脉为重。盖星有一定之形，则脉有一定之所，此其所以异也。峦星以中脉为登第，正过左脉为特科，户右脉为请举不及第，此论亦然，但金土二星，虽无别脉，而只一脉偏落，亦力量轻减，若不结峰泡，及无鹅头线脉，则全然不合造化，前去必作偏斜不正无用之穴，纵使缠护融合不出他穴，亦须病愈多端，不堪作用也。第恐其它偏出退卸之后别起星辰，则是穿心正脉，融会好穴，则反不如此论。又有一种御屏风，上马台，及大仓库，多是大龙将带随行，若于此指为星辰，虽有分脉，造化亦不肯融会，犹不堪用。

又有一种御屏马台，大龙虽数十节，若非真出，又复于七八节外，翻身回向大龙，则其情亦只是为大龙护卫仪从而设，虽有正脉分出，亦断不作大融会形穴也，又有去大龙虽未远，而直趋前去，无回顾之情，或虽回向大龙，而正面却分晓向分脉处，丑陋之面却向大龙，则其情不在此而在彼矣。又有去而为屏风，为马台等形，而向大龙去处，乃是圆峰积库等者，亦是为大龙设也，不可以御屏等，为大吉星辰，便道前去有大地融会，更宜仔细推究，而后可以取用庶无差缪，今以古墓图可考订者，附于后。

唐李靖祖　　　　　　杨琯祖

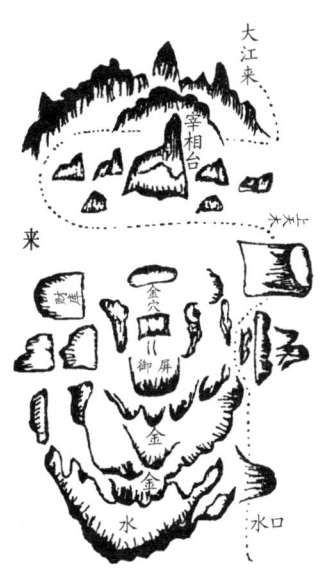

玉髓真经

行象形

夏皇后祖

　　此是顿旗聚讲，行龙四神八将俱全。艮山丙向，水流丙入丁，转丙巽入乙，入丙转巽而去，属天风蛊卦。艮山放巽水，又丙巽水来朝，又云：艮山巽水三重贵，积善人家乃可逢。自是贪狼宗庙气，怎教门户不兴隆。形如猛虎势来雄，豪杰儿孙立大功。拖金拽紫浑闲事，忠烈英雄镇百戎。

　　□右夏皇后祖坟。在袁州三十里，地名黄金滩，袁州大江水朝蟠龙，城前有六连铺，帘水节次，田低朝下，江水粉黛行龙，牛栏峡过江，隐隐沙堤，逆水向上。亥山丙向，案有五凤楼，天乙太乙，文官武库，田心里生出石桩台。金瓶牙箧上皆石，且是青峭不露山脚，只不合，是坤申水流破旺方，却得坤是奇神。文曲之水当面，巽水来朝，又是御街天乙水朝归甲去，是旗皱天乙之水，艮又是飞天禄，以奇贵之水产宜其妃嫔之贵，俗士岂能辨此仙迹。

　　发挥曰：以上五图，皆土星之正出者。虽各有轻重，皆为大富贵之地。故正脉自中心而出者，不必御屏冕旒之类，只如柜库之形者亦贵。若从偏出，纵无分受之脉，力量亦轻，前项论说诗诀，皆因先人所藏图本录，所载行象图，不知何人之祖，其夏皇后祖，亦是崩洪格式，正脉盖自江而过，力量轻者，亦附图于后。

米武经祖 　　　　吕将仕祖

□土星浑厚多仓库，权重边庭官带武。八州庄座巨万，积多财敌国富。

黄监仓祖 　　　　王成忠祖

□横龙作穴是蟠龙，本祖分出起圆峰。一家门户儿孙，假他山送来踪。

发挥曰：以上四图，皆土偏出之脉。虽御屏侵天，不过世代进纳将仕而已，余多武职，监仓亦是小官，以此见土星不可偏出也。

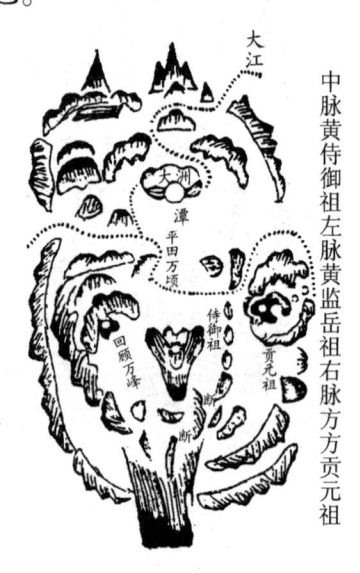

张统制祖（双脉清偏而轻，水口）

三脉一正（大江，中脉黄侍御祖 左脉黄监岳祖 右脉方方贡元祖，大湖，潭，平田万顷，侍御祖，回顾万峰，贡元祖）

发挥曰：以上三图，其二各从两角偏出者皆轻，一文一武，而官皆不显。其一分三脉，中出者只数节，脉使入穴，仍出侍御，累世有人登第，仕宦不绝。左右出者，龙脉皆长远，不过一恩科一举子而已，此偏正轻重，显然可见也。盖偏出而不分受龙脉者差胜，而三脉分出者，两角全轻也。御屏，盖今世甚重之，故发挥委曲反复引订出图以详释之，庶学者知所抉择也。

水土会

□水土交会，土厚水少。穿水传土，滋润富厚。

发挥曰：土本主浊，而得水之秀以润之，则富厚之中，亦有秀气寓焉，不只为浊富。

拦水土

□水逢土止，中带秀气。家

赀丰厚，造纳得贵。

发挥曰：贵者得水，富者以土。水虽秀而非禄，故徒以追纳而贵也。

水土会 　　　拦水土 　　　顺水土

顺水土

□两水流土，清而不富。求官失财，子孙蓝缕。

发挥曰：水多而土被水流，故皆侧倒顺水而去。如随水漂流之状，土本主富，而随水流去，水秀似贵，而以土流浊，此必出入以财求官，而因官以荡其业，子孙至于贫穷也。

生水土

□祖龙生水，退卸方喜。子孙见之，贫穷镒基。

发挥曰：祖龙生水，必须退卸别处好星辰方佳。若遇子龙更见此类，则当主贫穷，是为不吉之龙也。

出酥土

□石穴滴乳，出入漏鼠。富中皆庸，终久亦空。

发挥曰：土星本主富，不生贵秀，今又中空，为窍穴岩洞，精英之气，滴而为乳，则虽有秀气。亦已漏泄，故出人必庸浊，土虽主富，而中则空，故亦不久，终当匮乏。

火生土

□火父土母，土星为主。传出秀子，既贵且富。

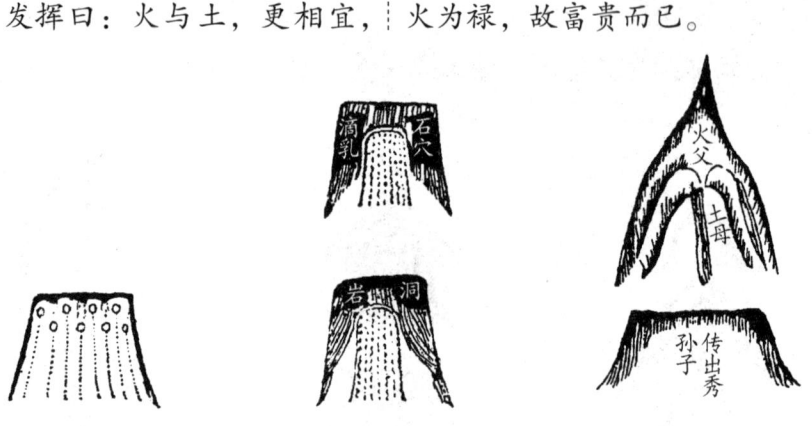

发挥曰：火与土，更相宜，火为禄，故富贵而已。

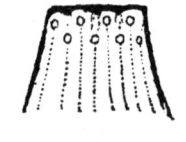

生水土　　　　出酥土　　　　火生土

聚火土

□蕴崇火土，火焰高吐，财丰职迁，更看孙祖。

看祖龙及子龙相传相应副如何。

发挥曰：火为禄，土为财，故富贵全也。

煞火土

□以土压火，有福无祸。禄生尖曜，更看传过。

看传过子孙龙如何。

发挥曰：火既生土，以土煞火，压之不灭，光焰出乎土下，此主富厚而秀。然只据此星，官禄亦不大显，然禄有基矣。故曰更看传过星辰如何，若传得火星尖秀，则为大贵。得木亦贵，然木则又须三两传方旺，火则已有根基矣。若水，若金，则又须看传变造化如何，盖土火自相宜，故与诸星不同，不待再传，而贵气已在其中矣。

灶下灰土

□土不端正，以多灰胜。产业消散，百事不称。

发挥曰：灰者，干土，晴则成尘。所谓燥如锅尘者也，灶下土星，小而高峻，望之如灶是也。此龙气竭血干，真脉不行，不堪取用。

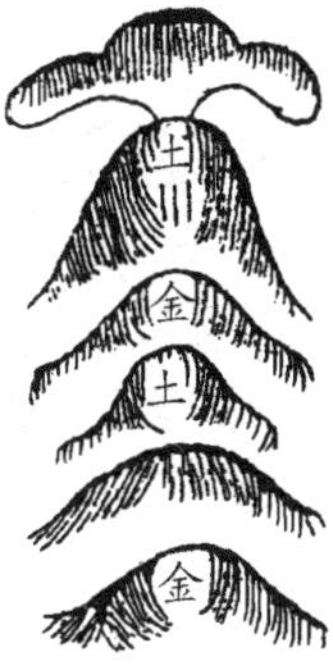

聚火土　　　煞火土　　　灶下灰土　　　间金土

间金土

□金土相间，生金璀璨。文章混混，富贵晏晏。

发挥曰：金土龙无相克，土中生金，重重生旺，故曰文章混混，金为土中精秀故也。富贵晏晏者，享富贵而安也。

架金土

□土架堆金，文武相寻。千仓万厢，有旅如林。旅，众也。

发挥曰：架金土，与出土金相类。而轻重不同者，彼以金为主，则金埋土中，浊多清少，此以土为主。而金出土中，浊少清多，故此胜于彼。然亦富贵不甚相远也。又如定座金与煞火土，亦相类，皆是火曜出乎下。然定座金则是金曜，尖脚虽一，而取用不同也。

生金土

□土星生金，清秀中聚。武气换文，自然富庶。

此看融结清浊如何。土本为富，金本为武，终不可专执论也。

发挥曰：金虽武星，而中带秀气，且以天星言之。金太白星也，主兵，则是武星无疑。然一名长庚，续太阳之光辉，与水皆为贵妃之象。唐人孕之而生李太白，乃为文章之宿，故此土既出金，诚为文武兼资之龙也。

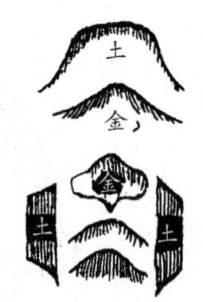

玉髓真经

架金土　　　　　生金土　　　　　生矿土（红水常出）

生矿土

□生矿之土，下有红泉。此地莫葬，终有变迁。

发挥曰：以生矿之土，本无足道，然所以不葬者，以此山有金银铁之矿也，恐他日有贫者兴利，而掘凿之，则不受伤败致害，故曰此地莫葬，终会有变迁也。五星中，土最浊，而土亦最厚也，凡仓箱柜库，皆属于土，而土于诸星，亦所忌甚少。于木，则能生之而木虽克土，亦欲其疏通。于水，则土能止之，而水虽溃土，亦欲其滋润。于金，于火，则皆与之相宜者也。故土星龙，多无凶祸。而有以发之者，则易秀易贵，然则此星行龙，真吉龙也。五星，木为第一贵，无凶而皆吉，然畏火焚，畏金伤，水润也，多而漂荡，土培也，压而朽腐，则木虽贵，而所遇多凶。水为第二贵，无凶而有吉，然畏火煎熬，畏土壅，且能害木煞火溃土，而相得者金耳。火最易发，而亦也易灭。金虽贵，难富，取用造化。固不可以土为先，然龙气中平稳者，莫如土也。

穿变龙髓第二

□天上五星地五行，天上星来地下生。精英冲和作人物，玄妙根源出地形。五星行龙已细论，尚有精微未易明。五星宁须几个子，尖圆方厚高而平。识得形真便可断，吉凶俱从星上生。惟有穿落及传变，此义时人难可见。

平过为穿，自高而下为落，本身得正形体，却穿过他星而化为他星者为变，变已成而一向生此星形者为传，入穴亦谓之传。

□主星元与去客平。

特起星辰发龙处为主星，分起行龙处为客也。

□此是穿来相贯串。

正过为串是也。

□主星高出去客低，此是落地星里面。

自高而下为落是也。

□三个两个方为变。

假如木星穿落火星，变而为火，然变火之后须连见三两个火星方是。

□变得成时传似线。

变化已成即谓之传，妙处或如丝线过度方是传处。

□丝线之玄传送来，此去前途支节开。

过处小如丝线又如之玄摆布，此是龙行向前开支节处也。

□祖宗传来生父母，生子生孙栽且培。此是真龙玄妙旨，更有杂龙亦相似。

五星混杂传变不成。

□杂龙非凶传未定。

传变不成，星形未定。

□形若定时星自应。

自应五星之形。

□若从未定处安排，形穴虚花祸福乖。

五星传变未定，乃欲来此安排形穴，此必是假穴。徒以五星论祸福，必乖异而不合也。

□多因虚花误人眼。

杂龙假穴吉凶难定。

□遂令祸福皆相反，星形未定穴未成。此去须行半日程，路短亦须十余里。变得定时方有形，入穴传来要生旺。

来龙要生旺，如木星穴要土星传变方好。

□承受祖宗须克土。

如土星龙，木星穴，即为下克上。若木星龙，土星穴，即为上克下，则反为不吉。

□上如克下不可安，破败死亡皆一般。水克火兮金克木，木克土兮分祸福。上克水兮水克火，金受火克亦克水。水生木兮木生火，火生土兮金养育。

木生金，故言金育于土，非育于火也。

□水亦生金金生水，此是生克正道理。穿落传变皆不同，细与推详君谨记。水中有木人来穿，此是水中过水船。

水为主，木为客，水星多，木星少，是水资木过，如过水船一般。

□二个木生将变木，三个四个木成根。

木得水而成根，前去必是成木。

□五个木传定高秀，水沍木资来此分。冲天倒地皆成木，七数传变旺木族。

天一地六水数之成。

□生子生孙木入座，富贵无双兼五福，若还穿落变不成，三个两个杂乱形，此是水龙凭木过。

即过水船也。

□入穴当看土宿生。

土能克水，故要生土。

□若还全水无木土，长流泛滥都无主。龙真穴好不聚财，发后消除如水推。要知得木龙有力，入穴必须土栽培。龙中穿水穴传木，依前泛滥无拘束。

言水星行龙，水多而土木少。

□土少易溃木难当，定须流出向他方。

言出人离乡。

□富贵千仓不久住，子孙后代早离乡。

言发亦不久，终须离乡。

□莫道龙真穴更好，龙须仔细为推详。木星有水穿落时，木生得水定沾滋。一个两个三个足，水若过多摧动木。

水若过多则反摧动木根。

□天一地六变成水，换去木胎水成体。

言木星变换成水须得木生火，水则合天地生成之数，即用水星为主传。入穴不用木星为主，若传而为水，即须坐穴是土方佳也。

□此为数合天地根，富不足言却清贵。

正缘初是木星，水仅六七传，故只清贵也。

□七传之后生土穴，富贵双全无与比。

若仅七传又是水穴，则泛而无所底极，故不聚财，只清贵而已。若得土星坐穴，则水为土所止，是以贵而且富也。

□水到七传仍变木，便作穴头未为福。人家富贵也离乡，有子多为出赘郎。

水太多而一木不能当之，故泛滥使木不宁，故非福。

□木龙中间六七水，前去木星秀尖起。

此言水在木中间者也。

□木星再传来作穴，定有冲天入云势。

木有水而愈秀，故愈高耸。

□此名得水气方旺，更要寻踪十余里。

此龙去尚远，未便作穴。

□定有金星截此星，方肯低面穴始成。

木得金星截住，方退卸低小，然后作穴主为佳。

□此是乾坤真造化，不许时师取次评。若还水木相穿变，水多木少时时见。

时时见水星，则木为水泛。

□不合当来木为主，木使水流难定处。生枝生叶定短促，抽干停停亦孤独。木生水底强醒醒，日晒风吹终不成。

此以真水真木比喻。言水多而木少，则木为水摧濯泛滥，其龙虽开枝叶，亦自气象短促，或只为单独之龙，如木生水中，纵有根着，无土培植，阴雨之时勉强生活，一见风日随即干枯焦死，龙之意义亦以物理推之。

□虽然作得好形穴，代代离乡去不停。聚得家财仍复散，更防风浪有虚惊。

盖以木为水漂泛滥，纵有

根着，终久摧去，此所以主离乡。水泛木不得宁，若有土栽培，又为水荡去，此所以财不聚。水泛木，如舟在波浪，必有水厄惊恐之患。

□若还传到座穴时，得土资培作后基。

入穴后有一二节是土星，龙却是木星入穴，如此却反吉也。

□却会移凶变成吉，此义精微难尽述。劝君默对穿落处，传变向前合天数。相生相克有真形，水土于中定正情。

木当十一数生成，水只七数，而又近穴之龙有土生木，座穴又以木星克土为吉。

□见凶须要寻吉处，见吉防他凶处生。此言木主水为客，水主木实当辨色。

水为主星，则造化又不如此论。

□人言火星天下凶，木火相生要折衷。木不全吉火亦好，此宜分别在心胸。

如木为水胜及火胜，则皆不吉，火得木生则吉。

□宾主先须看穿落，传变徐徐寻去踪。

先看何星为主也。

□木星落火须成火，变化不成反为祸。若还火变仍落木，驳杂星辰龙是破。

此言火星为主。

□穿火元来火不烧，穴头更作木星座。此乃疽黄天火胎，传变反为恶因来。

火星行龙送木入穴，此主疽黄及天火烧屋也。

□木穿火焰火变作，变得火星传人座。座前座后鬼曜生，此是火星好因果。木骨传作白虎头，火曜化作青龙左。

虎头不宜尖，火星多是尖曜，青龙带曜生于左手之外，为真曜，最秀而贵。

□虎降龙顺不相冲，火曜条条皆卫我。

尖射山为缠卫。

□此是火乡富贵星，时师只道凶星作。不知纯火吉仍多，秀气都从火中过。

火星多带尖秀之曜，故言火中过。

□功名猛烈少人知，官职尊高声价大。三传四变化不成，枪刃刀伤远迁播。

言木星入火变化不成，时有木在火中，故反凶。

□徒流本自穿处来，变化精微认一个。一个即变是真龙，两个变成犹尚可。三个四个驳杂生，便是真龙也难作。

木多而火不能变，即为驳杂之龙，不可用。

□木穿传变细推寻，祸福显然如勘锁。金星落火与木别，煅炼刚柔有优劣。一个金星落火时，镕泻团圆无火缺。

金星入火，乃有煅炼成器之理。

□变成两个渐圆长，三个出火金刚烈。四个定连刀剑生，此是精金成器说。若还九煅是坚牢，秀气金星传入穴。

全九出火乃合地二生火天七成之之数。言金星行龙九逢火星，如九次入火煅炼成器，故有刀铓，虽是火星，乃是金中生来，金又天九所成也。

□穴头依旧要纯金，火若更生凶未歇。好金成器去尽火，火是借气须先绝。譬如器用火变成，若常带火器患折。真钢百炼若逢水，水淬钢坚更刚烈。

火变金已成，更得水，如钢出火用水淬也。

□坐穴退寻三节龙，尽要金星传巧拙。

入穴之际乃已成器之金，不可更有火也。

□金星三四穿火时，一水在中真妙绝。

此乃淬金之水。

□时师只道驳杂龙，个个不真难作穴。岂知五行真造化，玄妙生成难尽说。穿得传变有精微，富贵双全当辨别。若还五火烧一金，或然三火夹金爇。此金不变却销镕，祸败破家因火绝。若还金火送龙来，只作金山传入穴。

火多金少则金不成器，为火镕销绝灭矣。

只有一金星入穴，安能禁众火所烧。

□举家烧尽起官司，柱死终须莫分雪。

东京李三郎因家烧尽其屋，蔓延至三千余家后坐罪，贷死配广南，死于途。盖其家祖坟是火山行龙，忽作金星入穴，又是癸山离向，是以其家火败死绝。

　　□要知成器九番变，三变四变未可说。

　　九者火之成器，而地四生金，天九成之，亦九数也。

　　□不然四变见真钢，亦可安为中等穴。

　　四亦是金生之数。

　　□最防入穴是火头，传送凶神断难灭。精微更在细推寻，莫与时师容易说。火星落水水穿火，此是乱龙从此过。直须水火分得定，始见真龙作那个。

　　水火杂乱，此龙方穿落未定直待变。水变火形，象既定，方可辨认此龙是作那个星辰也。

　　□若还火龙变水穴，水龙克火却堪作。前朝却要得金山，本宗克金金生我。

　　金生水，故水穴喜金。火克金，故后龙是火。为本宗克前朝之金则吉。

　　□穴水与金自相得。

　　穴为水星，前朝金星，自然相得。

　　□水星传变只一个。

　　火多则伤火。

　　□三个四个恐伤龙，相战相伤反成祸。木星穿从金里生，未免伤残事不成。金星若穿木星出，木得金来变化成。

　　木穿金则金为主，金穿木则木为主。故此云金来断削，变化成器，故吉。

　　□一个金生木头短。

　　木见金而低，不甚高秀。

　　□两个三个木低平。

　　变为倒地木去。

　　□四个木传平地出，此木应横地上行。此是木星成器了，不要金来更乱程。

　　木既成器，若更有金星乱生，是乱其途程，纵有形穴亦不堪作。

　　□平平入穴木当头，此是清高富不愁。若还穴是金传送，此木还伤有病痛。

　　若入穴更有金，又为害也。

　　□出得孩儿损支节，富贵宿病传来众。

　　木为金伤，虽得富贵，而世有宿病。

　　□木行若是逢得土，穿变皆是生我处。

　　水生于土。

　　□一土二土饱栽培，三土

四土木花开。

花开是龙枝叶或为花穴也。

□花开变作细嫩穴。

木星成穴。

□结子成果都来别，富藏巨万贵升朝。此向木星传变说，若还土遇木相穿。变在龙腰三四传，三个四个是驳杂，克陷终须无一钱。

此是土星为主，则反为木星所克也。

□若是全身都是土，一个疏通穴自然。

土得水而疏通，土生木而成穴。

□富积千仓钱巨万，但须难更要朝天。

土无秀气，子孙有官，止于朝选，不得升朝。

□水星若向土穿出，土得水来流润质。三四五七变成水，土尽水流清气出。

水多变土为水，反为清气。

□滔滔长往遇土穴，传变精微合玄术。

水遇土而止，故此穴合法。

□贵人仍作富家翁，富贵双全自不同。若还土星穿水中，土实能教水不通。

此言水为主者。

□三个五个变为土，水清土浊玄中取。

变水传土是变清为浊也。

□水土传变颠倒看，见得真时穴可安。

或土为主，或水为主，宜反复颠倒看之。

□富厚有余清秀少，三代传来作小官。

□若还前砂火焰起，此样龙须作别看。火能生我火定秀，富家仍戴入朝冠。

言土星为穴，前山是火，火能生土，火又有秀气，是以反吉。

□若还辨此不端的，方信时师被眼瞒。

发挥曰：陆象山不取穿落传变之说，以为烦碎，然未可多訾，但求地而拘泥，则世无全地。故象山略之，非谓无此理也。盖穿落传变，虽若烦碎，然其论甚为精深玄妙。子微胸中造化，自是了了，视之甚易，他人学之，则见其难。由今观之，倘得其要，亦自然易见，大率张子微之意，只欲来龙相生而不相克则善，若由穴中逆取后龙，则又贵相克。因我克者为财，克我者为鬼，于水亦然，至于传变论数，乃取五行自然之数尔，第不必强合以求之。

大凡龙节数多，亦往往自合天地生成之数，此非人力之所能为。如天一生水，地六成之，则水星既变，不六即七，推此可以义晓。穿客不过论祖宗生下有高低之别，或云先落而后有穿，术家标落断陟之说，亦与此颇同。惟变与传，实为精微，大抵前辈教人，如大匠，必以规矩绳墨，若心传之妙，则在乎自生巧算，或现代说的悟性。特受者，不可无一定之说，传者，不可拘执一家之说也。又如中间分吉凶祸福，是诚有之，但执用此法，以求获福而避祸，则误矣。只须明其传变者，为是胎息退卸，或以凶而变吉，或以老而变嫩，或以吉而变凶，或以尽而变绝，其传者，以变之后，传递生去，相传入穴，只要于此处辩论善恶吉凶，很难节节论也。经云，入穴传来要生旺，即入穴处是紧要节目，此处不宜苟简。又云，变得定时方有形。亦只是指成形处言，假如术家，言龙有七十二节，而应七十二候，此焉可拘泥。纵有七十二节，亦要可尽论传变吉凶。子微所谓捷法观龙，其意可想而知也。经云，若从未定处安排，祸福吉凶应是乖。盖变未定处，不可作穴，多是虚花假穴。又云，星辰未定穴未成，此去须行半日程，盖星辰未定处，亦不可费心力考究，且行而前去，见星辰定处，方是作穴不远，却与仔细检点生姑，信知经中所定祸福，皆当于近穴处求之，他则不必考，此不可不察，此子微深意。因为之歌曰，穿落传变最精微。此论专看入穴时，龙自祖宗生好子，子又生孙孙又支，若还节节论传变，十里五里如何知，设如大龙百十里，因何烦细去寻思，大抵真龙来作穴，自是法度无相违。若是星辰多杂乱，此是假龙生出时，前去虽长不生穴，只作案山及护持，万一星峰高磊磊，前朝后应巧施为，此龙散漫断非吉。也会作蛇作灵龟，或作御屏作仓库，或作马台及帘帷，亦有虚花端正穴，其奈星辰不可为。好龙只看五六节，或看十节亦大奇，自是相生不相克，来踪去迹次第随，孝子顺孙有高下，不逆不乱不参差，变出星辰顺楼去，此是真龙入穴时，若以吾言非要妙，九原可作问子微。

大抵先贤教人，本自不误，全在后人胸中通变，若一一拘泥先贤本旨，反自不明也。

水 星

水星一

□水以木过，而遇土止。土以水润，木疏其理。传土入穴，既富且贵。吉星应之，天下无二。

发挥曰：全是水星行龙，而无木无土以济之，则泛滥漂荡，无所底止，或传出水穴，秀则秀矣，终不聚财，亦主居无定所，不能成立。如此图，则水星高大之峰，落为座木，资木为度过之脉，所谓若济巨川，用汝作舟楫是也。水落为木，而木穿于水，故木复变水，水山落为平冈，而水再传，若水传无止，则不吉。故复为土以止水，一土止众水，

水星一

则为水所溃，必须再传土而后坚固，然土不疏通，则闭室而浊，又穿木而疏通之，故富贵双全。盖水秀木文，二星皆带贵气，土主富而福厚，自是全吉，更有吉星传应，其富贵荣显，天下无二也，此是指水星为主而言。故木穿于水无害也，若木星为主，而水旺则于木为祸矣，当各观所主者，是何星辰也。大凡自起祖宗处，必是特起星辰，山必高大，既起星辰，兼由高山联

出，若无标断闪陟，则不成真龙行度，故起祖宗后必落下，故曰落，水不可专以水济之，火不可专以火济之，至于木全土，皆不可一向不变，故必以他星之相济者间之。如水以木济，或金孕其间，土止于下而后可，火以木发，或金煅其间，土成于下而后可，木不生以土则不茂，不润以水则不滋，不断以金则木器，金不生以土则不产，不煅以火则不成，不淬以水则不刚，玉于土，则凡物生焉，然无木以疏之则不秀，无水以滋之则不泽，无火以培之则不厚。五星相资，出乎其间。故曰穿。或水为木过，水弱则变木，为火煎，水沍则变火，为土壅，水竭则变土，为全孕，水枯则变金，火为水泼，火灭则变水，为木掷，火衰则变木，为土压，火细则变土，惟金不能变，火必资土生之，而后能变木，金如得土，其变无伤，木为火焚，木烬则变火，为水泛，木流则变水，为金断，木盍则变金，为土压，木朽则变土，土为水淘，土渍则变水，为火烧，土枯则变火，为水流，土朽则变

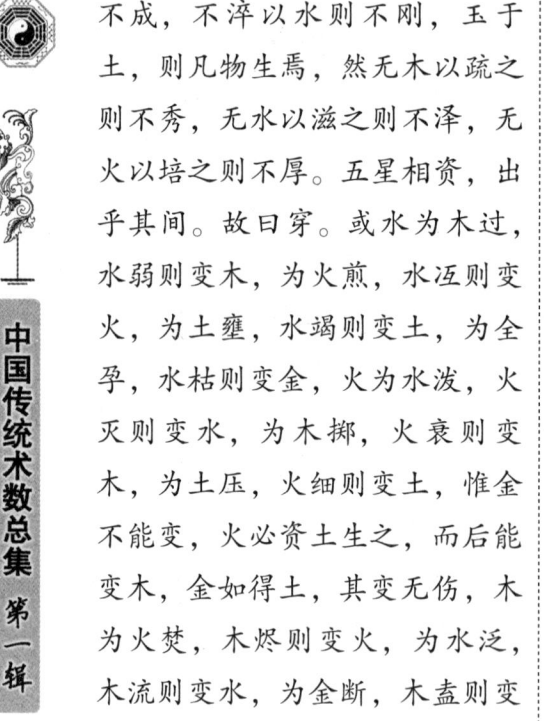

水，为金孕，土耗则变金，惟全难变，火炼则成，水滋则秀，土厚则产，木逢则伤，火烈而镕，则变而多凶。龙多金星，盖难变也。凡五星龙，间以相资之星，骤与祖异，亦谓之变，故曰变。变定而复变，相传生去，或传入穴，故曰传。以顺言之，而后有穿，有穿而后有变，有变而后有传。今言穿落传变者，以文势言之矣，刘注所谓穿落，不分起祖高下，总以穿落释发龙处，未为尽善。

水星二

□千丝从天，御屏带土。落为土星，生土传去。秀子文孙，孕以土母。文章科第，极贵而富。

发挥曰：千丝坠。本水星之贵者，以此起祖。次为水星之御屏，已带主格。复落为正土星，变而生木。故木愈旺而传，愈传而笋，愈笋而贵也。水主秀，木主贵，土主财。当以文章科第，贵极人臣，富连阡陌。以星辰次序论之，则千丝坠为祖宗。御屏为父，土为母胎，出座木为子，

以下木星，皆为孙息也。水为秀星，木为文星，故曰秀子文孙。

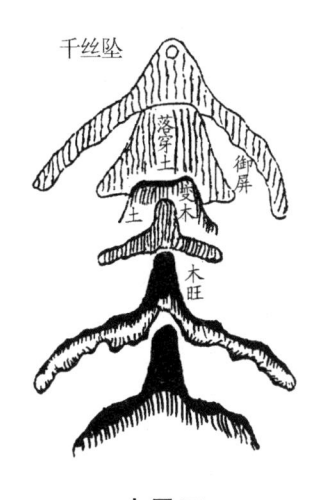

水星二

水星三

水星三

□水落为木，穿土不长，变而为火，火因木旺。祖以秀显，父以文尚。母以资兴，子孙旺相。

发挥曰：特起之水，落为座木。木穿土，则当传土而盛，仍为座木，则不旺矣。不旺则不传，故变而生火。火得木而反炽，则其禄可知。但以龙法退之。至于木星火炽，节分宁免无祸，不足计也。起祖是水，故曰祖以秀显。落而为木，故曰父以文尚。木复穿土以生，故曰母以资兴。土，财星也。以下皆传以火，故曰子孙旺相。

水星四

□水落金生，金水两清。木穿不去，金变自成。既成而旺，传金益清。文武兼全，将相公卿。

发挥曰：金星木属武。此龙节节穿心正出，又本水秀以生之。带金钟玉釜，故虽传去是金。乃孕于水，不可全以武言。龙气既贵，当出文武全才，出将入相之人。穿心虽是传金，皆带水脚，故当是兼资文武，出将入相。若只是金出于水，亦须先以武显。至子孙而后换文也。

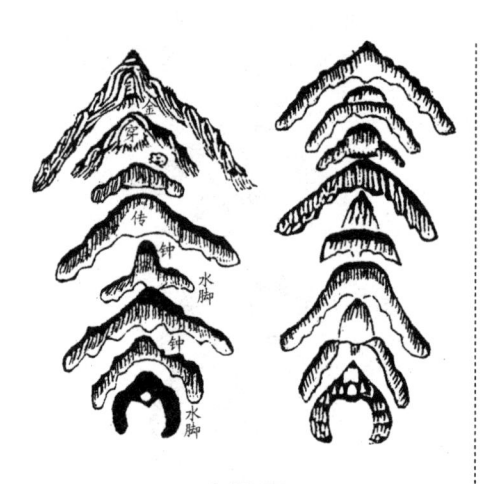

水星四

水星五

□水旺起祖，水为父母。落为胎息，不变其故。或穿或传，皆从水路。清秀而贫，泛无所主。

发挥曰：经云。若还全水无木土，长流泛滥都无主。龙真穴好不聚财，发后消除如水推。此论如五行造化，当观变化相资。若全水生人，五行皆水，则是全无造化，必不成人。地理之说，与此无异，其实一理流行。天地间，在人在物，莫不皆然。滔滔皆水。无土以堤防。无木以济度。不几昏垫之时乎。宜其清秀而贫。泛无所主。将不知其所也。

水星六

□后图在此。水火既济，相间而行。不问生克，融液其情。更穿木土，传入佳城。秀与禄并，显功著名。

发挥曰：水火之不相入。虽孩提之童亦知之。至于水火之既济，虽圣智之人不能究也。盖水火错杂，无有次序则为凶。水多则胜火，火多则胜水。既有偏胜，则负者受克而有祸。令一水一火，相间而行。则为既济之水火，反为大吉。以水生秀，以火发禄，功显名著，此其应也。然犹曰更穿土木者，以入穴之造化论也。须土所以防水也，须水所以发火也。土防其克，木资其旺，此所以谓之佳城。初显一水一火相间而行，既而融液。火生水脚，水生火脚，此相济而成者也，与前水骤出火脚者不同。如此等造化，倘非子微发以示人。诚非世俗之所能喻，孰不曰水克火。火恶水，而水火相杂。他时节节退败，则子孙代代有祸。一以既济之理推之，粲然可晓。发挥不可偏胜之说得之矣。盖物有偏胜，则必不相济。不济则不和，不和则不吉。凶祸从而生焉，惟均则和，惟和则济，惟济则成，不易之论也。

水星五 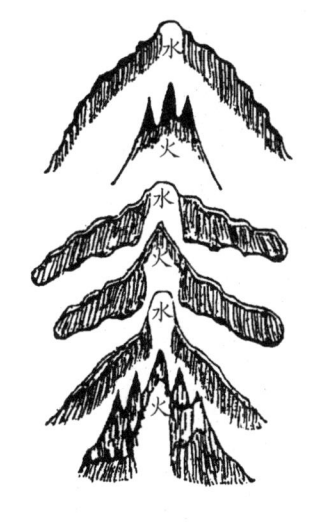　　　　　　　水星六

水星七

□水星高秀，落为平冈。不土不木，火脚飞扬。虽能变火，火因水伤。瘟火不成，为肿为黄。

发挥曰：以水祖而变火子孙，此图无害。然须有土过水，有木生火，而后为吉。今以高耸之水落为平流之水，既以火脚终之，而又以水变火。则火岂能缭，必为水所克矣，其祸也，为瘟火，为黄肿。若祸轻，而有吉星救之。亦出人病蛊肿黄瘟等病，盖火受克于水，必有此等证应也。

水星八

□水行得木，水以木济。木穿而旺，是为阻水。若云变木，木无生气，木终不成，水亦不利。

发挥曰：水星落为平冈之水。木传其间，若只一木二木，则为济川之木。若至五以上，水为木所阻而不流，非水之利也。若水下有土止水，从而生木，则木生有根，得土培植，必脱去水祖。资于土母，变木而旺而传。乃贵龙也。今木虽阻水，无土栽培，虽则木终不成。水终决溃，灾咎生焉。故以六木穿水，而终不成。传乃复变水，盖木无根。而水有源故也，其应子孙以文而穷，漂泊无成之象。予家藏李太白祖父坟，正合此格。以太白之秀而文，固未可以此方之。然才俊如此，功名只是捉月入水，骑鲸驾浪，虽仙去无益也。今附图于后。

水星七

水星八

□右李太白祖坟，黄龙引子饮海形。海水为案，古诗云：黄龙引子饮大海，海外贵人青且翠。文章盖世出声名，四面当看水交会。

又云：活龙腰里似盘龙，生出贵龙饮水中。衣锦腰金亲帝主，朝班立处姓名穷。

发挥曰：观此图之龙。穿心开障，中出贵人。奇峦秀峰，复落平冈。走如活蛇，又列横浪。翻身结峡，然后平出。龙虎分明，秀峰朝应。又有海水巨浪，茫洋无际。古之论者，只称其美，而不知美中有病。以此知五星造化之妙，非张子微不能发之。今推其验，若合符契。此以御屏水星起祖，无一可致瑕疵。但不合水下生木，无土过水于后，培植于前。又穿入木，木既不为济川之舟，又不为生旺之木，过水不住，穿木而出。复旺而不衰，然文章荣显者。木之所生也，水多而木不传，故泛滥漂荡。无所归宿，终以止此。而非考终命也，触而长之，可以类推。

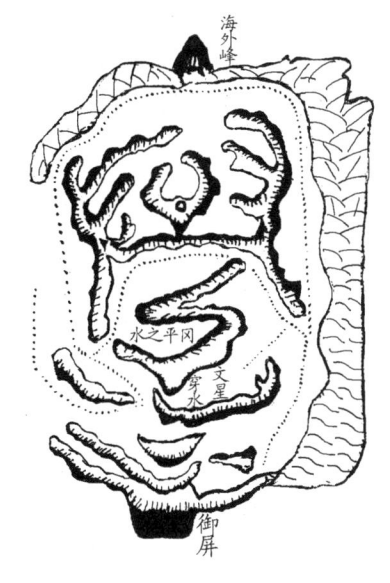

李太白祖坟

水星九

□金水相宜，人之所知。水盛金弱，金为水欺。水流不止，金沉益微。武职贫穷，秀在孙枝。

发挥曰：人皆知金之生水，二者相宜。殊不知水盛金弱，则亦非吉。假如今有水生金，亦须水落波清。沙可淘搁，而后金得星露，而见用于世。若巨浸茫洋，洪涛漂荡。虽有金，可得而取乎？故金为水欺，则金不能显。此龙虽以水秀起祖，即落而为金穿过。只出小武职，贫困不振，直待退至水龙，方出子孙清秀。然亦非富贵双全之格。盖此格与前图金水相间者不同也。金水相间则相生，如水火相间则相济，吉凶祸福。迥然殊绝，不可不审。

水星九

观此图格。若果穿心开障如此，则初年只会出小武臣，贫困不振，传至子孙，必生秀显之人，当自显达。盖初年不振者，以小金脆弱，居大水之中。左右护龙包金过穴，前去必长，故主贫乏。金为武星，故只出小武臣。若日久退之后龙，至大穿心节上，力量宏大，气象雄伟，必出清气之人。此时穴前去水，渐渐流出得地，当出武以文章显世，亦不至于贫困矣。故经云：武职贫寒，秀在孙枝，而不言孙枝之贫也。且如此龙，出脆嫩之穴。如以龙真穴正，必有贵秀朝应之峰，最易发达，亦且绵远。但初头不能不尔，如果遇此地，不可弃也。况张子微所图格法，各有所主。蔡季通所著发挥，因而傍通。亦各适意发见，前后互见，或论龙而穴法，或论穴而龙法，或论山而及水，或论水而及山，隐于此则出于彼。善考究者自能见之，不善者执焉，观一而昧二，观三而忌四。则未如之何也。至如子微，则全不乱出。如论五星名，则不涉及行度。论真龙名，则不涉及穴法。论穿落传变，则不涉及朝应。论迁葬穴法，则不涉及来龙。论玄武，则不涉及正穴。论朱雀，则不涉及外阳。推此已往，兼而取之。则张子微蔡季通之用意明矣。盖子微主一，而不杂取。季通解释大意，而多傍及，不可不晓前贤之深深用意，予虑后人之执此方法，故又从而推广之。

水星十

□水星落土，土穿不成。土无势力，其溃相仍。水以土反，混浊其清。文章致身，而以贪名。

发挥曰：水土不甚相宜，水强则土溃，土厚则水壅。若水土节节相间。则前去必传土入穴。今水星方起火星辰为祖宗，即落为土，复变为水。又间以土，而土弱不传。小土穿于大水之间，为水所溃。土溃于水，而水为土浊，故以水秀，主出文章之士。土溃而浊，主出贪污之人。前图有水星下落，为土星者，有木以疏通之，或以土生木而传，或以土培木生火而传，取用之理。不相侔也。水以土浊，只是论第五六七节。盖土间于水，穿变不成，为水所溃。而水以溃土而浊尸不全如此。当是五六代子孙有贪浊之应尔，明堂经云：龙之备节，七十有二。退而取之，一节一世。逢凶凶生，逢吉吉至，各有所属，随数取义。不可执一凶以全龙议。言一世应一节，退而取之。不可以一节之凶。而议全龙之祸福，但当以节数论也，此说得之。

水星十

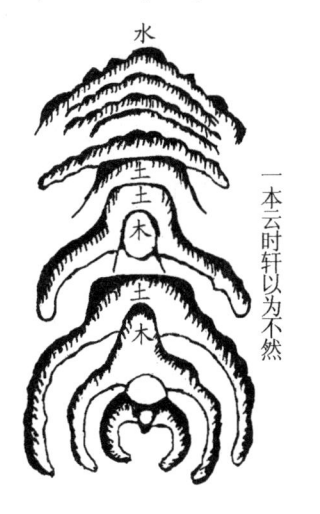

水星十一

一本云时轩以为不然

水星十一

□祖宗父母，六水生旺。厚土过之，水不能往。土变而传，益传益长。木疏其间，富贵传享。

发挥曰：此图则与前格不同也。祖宗父母胎息，连叠是水。乃应天一地六之数，而后落为至厚之土，传为开障穿心，而木生其间。为之疏通，传作土穴，既富而文，孙支世世，科第盛名。故水自支节退数，亦无不利，此为全美之格也。水土混煞，土不能止水而反浊。今以厚土止水，水止而土传，故水自秀。土自厚，不相矛盾，而又有木以疏通之，传为土穴，富贵双全格也。木，文星也，故以科第显。土星穴，而能以科第显者，必合此等格法而后方可。水秀木文，其应如此。以上水星图格，各以五星配之。吉者，凶者，各出其一。以见造化传变之不同，此特为穿落传变而出，学者当知所主之意云。

玉髓真经

火 星

火星一

□火落而微，得木发之。火斯益壮，土为镪基。以此而传，火旺相宜。速发速达，贵显可知。

发挥曰：火禄星。若全火而无木以发之。无土以基之，则炎炎之，燎原烧野，为无所归宿之火。速发速败，职此之由。今以火星巍然起祖，落火欲传。而骤微小，若无木以发之，则火将灭矣。既得木穿，资木再炽，然焚燎之所，必有其位，则火始有所克害，而将得所归宿矣。复得三土为镪基，土大厚则克火。土轻则只为盛宿之土，故火自旺，无所克害，传火入穴，故曰贵显可知。中间火与土，皆是台星，又当主公相之应。

火星一

火星二

此无非论五行造化。木既生火，火又生土。有土则火有所依，土亦宿火而不灭，所以终于传火。禄旺而官显，必然之理

也。明堂经云。土能克火，亦能生火，火宿于土，不减不过，以木发之，火成因果。然则此龙三台土星，不独为火之盛载，亦生宿之火也。故经云，土为镒基者，非只为地基之基，亦镒培植之镒基也。

火星二

□火星落水，乃火之气。得以滋润，不为炎炽。微而遇木，发之当位。木火三台，传穴大贵。

发挥曰：火之气，生蒸成水。故火星之下落为水星，乃火气之所蒸，非克火之水也，火得此水，济而滋润。不至过炽，然火润则必微。无木发之则必灭，今水下又穿小火星，变木三台。火饶得木又炽盛，故起火星辰，传为三台。而去入穴，其贵显宜矣。

火星三

□火盖三台，落为木缠。发火益炽，三台绵延。传作楼台，传之又传。更有巨星，贵不可言。

发挥曰：火盖三台。谓火三台盖星也，落为木缠，缠者，星缠也。落而为木，亦是木三台盖星故也，缠火得木而益炽。又出三尖，亦三台之象。星辰愈大，遂起玉楼宝殿。自此传去，可为京都陵寝，故曰更有巨星，贵不可言。巨星者，大星辰也，火方炽盛，初见楼台殿阁，断未入穴，必再起大贵星辰，此非常人也。之所敢登踏，迁葬，当归于国矣。

火星四

□金从火落，自受销乐，镕作金曜，火出金脚，秀气从出，火焰照灼，主出大贵，三公之爵。

发挥曰：火起大星辰，而金从火落。此受镕之金也。金入于火，化为火曜。虽云火曜，实自金中来，故曰火出金脚。乃秀气之所从出，此去当见枪刀剑刃等形。金既受熔，火气愈盛，或为三台，或为权星，此皆主三公之应，故曰三公之爵。然火星耸起星辰如此，断未作穴。必行度稍远，退卸闪断，别作脆嫩之穴也。

火星三　　　　　　　　　　火星四

火星五

□火落生土，宿火出曜。木更发之，传火以燎。焚木生土，列为横崤。仍作土穴，富贵清要。

发挥曰：土者，火之所生也。初从火落者，土微而小，故只为宿火之土。既宿之火，必须引发而后燎原。今有木以发之，故火复传而燎，火复生土。则土脉相接应而盛，愈生愈积愈厚，于是出为屏障之土。传土入穴，土气愈厚。火不能焦。只见其发禄富贵矣。木文火禄，二者皆秀，土财培植，故官清要。而财丰腴，五行皆可相资以成造化。

至出土穴，则火之造化成矣。

火星六

□火落于水，而遇水灭。水盛而传，复变火穴。众水沃火，乖气融结。秀而发禄，速旺速歇。

发挥曰：落火如阜。横水沃之，决溃滔流。开障传去，以如是之水。而变出火穴。水中生火，无木无土。又焉能久，势必灭。然犹秀南发禄者，毕竟火为禄星。水为秀星，而又穿心正出，故曰出人必秀。秀而食禄，但星辰驳乱。乃乖戾之气融结而成者也。故虽一时发达，随即衰歇，打比方为官即遭弹劾之类。盖克我者众，故也。若有土止水，有木发火，则善矣。

火星五

火星六

火星七

□水从火落，火气所生。穿火已微，水浪复横。火征而灭，水传益清。成于六数，侍从九卿。

发挥曰：初落之水，水气所蒸润也。火益微，水益盛，则火灭而传水。水既传而不杂。则亦为吉龙。五星惟恐驳杂，相克相害。则有凶而无吉矣，如此等龙。虽以火星为主，变而成水。固自无害，变而不成。其斯为祸，不必问起祖是何星为主也。火禄水秀，皆主清贵，故可至九卿侍从地位。

火星八

□火落为火，穿为蒹葭。炎炎燎原，飞焰横斜。纯火不变，曲突咨嗟。速发速达，贵寿不遐。

发挥曰：火，禄星也。中有造化，则最为贵显。若纯火不变，则炎炎之势，若燎于原，不可向尔，其灭也。可立而待，盖野烧皆茅苇之火。无所凭借，茅苇之燎，顷刻可尽，必得土以凭籍，得木以发达，则火为有用之火，绵远不灭，富贵之应，亦必耐久。不然，则火色莺肩。马周之所以速贵而不寿也。故经云：

玉髓真经

速发速达，贵筹不遐。言其发达虽速，而贵寿皆不久远也。曲突咨嗟即曲突徙薪之义，亦主家有火灾。余家藏唐代马周祖坟（今附于后）。

火星七 　　　　　　　火星八

此真蒹葭叶龙，所不足者。无土为基，无木为资，只乃燎原无用之火，能为凶祸，为人用者，不遇火耕之益耳。然亦随火荡灭，不和所在。若有用之火，必有土为之盛载，有木为之延引。既息之后，犹有煤炭土壤，可取为用。人事物理，不甚相远，可以类推。则纯火谓之无造化，辞简而意尽矣。

□右唐初马周祖。午丁向，飞凤形。玉架案，彩索水。龙是横飞直上，走马趋朝格。出人布衣上殿，位至卿相。

马周祖坟

发挥曰：唐太宗四请马周，布衣入朝，官至中书令，博州茌平人，享年四十八岁。纯火星龙，火星落小星皆石。又落为平冈穿出，又起尖峰入座，皆无变换，今以龙格言之。无加于此，所少者，一木一土尔，谓之无造化之火。以布衣言天下事，一旦遇合，言听计行，可谓速发速达。然而不寿者，正以纯火。易过易熄，所以不能久也。此龙必凶，虽吉有不足处。若生之以木，载之以土，则造化足矣。

火星九

□火落穿木，木非火族。木资火旺，非木之福。乃出木穴，众火环簇。瘟火连并，贵而灭速。

发挥曰：木者，火之资也。此龙以火星为主，木穿其中。适所以助火之势。若止一木二木，则火得力。出为火穴，贵盛无凶。今木穿无土，木不能生，既为火焚，又出木穴。则木变未成。木传无根，环以炽火，其凶可知。故主瘟火连并，然火禄木文，贵秀中寓。龙真脉正，必无虚谈。出人必贵。但木弱火旺，凶祸必至，非速死，即诛灭。但在此要观朝案应山如何。若朝应皆善，则不过出人夭寿。或见瘟火之祸。若朝应有凶煞，则遭诛灭是惧，故主贵而祸速。

火星九

火星十

火星十

□纯火而石，落而偏出。矿烈飞扬，石块比比。瘟火相仍，强盗入室。若经变换，乃能致吉。

发挥曰：此亦纯火也，却与前火不相同。前龙贵格也，所不足者。无土木以为锱基，故贵不永，而人不寿，仍有火灾之应。此龙其格本凶，加以入穴亦有石尖在左前，尤为不吉。所以始初特起五尖。虽云是石，亦火星之常，落为二小石山。拽脚斜飞，亦有秀气，若中间有变换造化。胎息退卸，易为脆嫩土穴，则大吉而大贵，何嫌乎为火星？今自首至尾，乃为黑石，闪断过处，合经退卸，反出一丑石而已。再起之峰，初无变换，元骨尤存，所以只主瘟火强盗，而无贵秀之应也。

曜气，虽喜石尖，然术家各有所见。为曜，其说固然，亦不欲通身见之也。龙虎头出尖石，不问立卧，相射皆所不宜，盖本身龙虎皆贵。草木苍翠，若是石尖，则是龙虎露骨，极为不美。若龙虎头外出石尖，却无害也。

火星十一

□大火炎烈，金穿其间。无土无水，生旺诚难。小金敌火，传人金山。龙真穴正，瘟火剥官。

火星十一

发挥曰：火星变为金，穴必有土，亦必有水生金，或从土而生，然后金有根基，可以生旺，今乃于众火之中，出一小金，传作金穴，必受销铄，既不为煅炼成器之金，又不为淬砺坚刚之质，徒受销铄，必至磨灭。故以火禄发之，则必贵。金受火伤，则必凶。武臣主兵，威焰英烈，它日因为同功嫉妒，或有杀戮失恩，或为贪纵房掠，必主获罪削官。若前朝更有凶克，诛夷之状也。前图有火星下落为二金，即化为金曜，变而传木，则以火为主，火传得地，故主大贵。凡经变换，即谓之有造化，虽无土木，资金以成曜，是以贵也。此格则以金为穴，则主于金而为众火之所烁。为何获吉，与后格殊矣。不可不察。

宾主之说有二。起祖是火，则谓之以火为主，犹言主人。落而传变者，宾也。穴是金，则谓之主于金，犹言葬家以金为主，人所葬之尸者，宾也。譬如羁旅远方，依人为主，而主我者，乃为烈火所焚，客其得安乎？祸必及客矣。五星以客星而入穴者，必有根基势力。可以胜原来主星，方可替去旧主，自为主也。亦譬犹张姓人入李家赘。李家无子息，不复能传。张氏所以入其家者，得其女为妻，从而生息，故张氏能传。而李氏不传。羁旅者，主于张，不主于李。然

资其富藉之贵者，李氏之物业也。而张实主之，客亦因获其富贵之力也。

夫是以火星变为它星，若客星有锚基，有培植，则客星旺而传。葬者虽主于客星，而亦得火星之力。若它星骤穿入火星之中，巍然入座，自为穴主，而葬者又从而主之，所以有凶而无吉。又譬如贼入主人之家，开放门户，坐于中堂，偃然为主人，来者只见贼，而不见主人，遂从而主之。一时主人失支援，未能伸怨，似若可安。万一主人之计得行，不惟贼受其戮，客亦倒受其祸。故凡五星为客，骤入主星之中，入座作穴者，无锚基培植，其穴必凶，不可轻用。若原是主星根脉，但中间行度穿变。偶为客星所替，忽然复出，传而作穴。此却又当论述造化轻重，非客星掺入之比。更看生克如何，则失之鲜矣。

火星十二

□火落生土，木萌其间。火出木减，灭为土山。二土生木，木旺不难。竟以木传，高科

显官。

发挥曰：火落而生土。木之萌生也，木气未盛，而火力已微。只穿出为平冈之焰，既而衰灭，悉化生土。土厚而木盛，火不能传而变木。木气既旺，文星显著矣。夫以火禄为祖，土财为胎。木文为子孙，故主高科显官也。

前格以火变木，无土栽培。又以火传木入穴，此所以凶。后格以火变土，土能生木，木愈生而愈旺，此所以吉。火与木相遇同，而造化不同也。

火星十二 　　火星十三 　　火星十四

火星十三

□落火生土，土厚生金。金传得水，滋养益深。乃传入穴，根脉相寻。武孙文支，秀出儒林。

发挥曰：此格与前格大不相同矣。大火星落为小火星，即生小土星，穿出遂变厚土。土乃生金，穿土而出，金旺而传。复浸之以水，愈洗愈洁，愈润愈明，又从小金传入金穴，所谓金有锱基，有培植，能以客替主。非客星骤入，金被火销之比喻也。经云：根脉相寻者，元初土已出金，金脉已旺，得水滋养。似若有所间断，然金在水中。根脉相寻，自然接续也。又云武孙文支，秀出儒林者，金为武星，金星入穴，必先出武，水为秀星，又有火禄之脉。如扦葬是祖，即出孙以武显。孙生子，则又为文，是孙之子，当秀而，父，名在儒林也。火之为禄，水之为秀，其星皆贵。火文明之象，风行水上，亦有自然之文，故虽以土全为穴。若有火有水，无不以文章显世者。但造化生克，当看吉凶尔。

火星十四

□火落传火，火旺生土。以木疏之，土穴如故。造化既全，生克顺数。以禄而厚，宜贵宜富。

发挥曰：以火生土、以土生木，木既生土。复传为穴，故生克顺数。顺数者，自祖宗至子孙也。火禄为祖，土财胎养，故曰以禄而厚。宜贵宜富。此以客星换主星而吉者，如是而后可。

火星十五

□火则生土，土旺斯美。土弱火强，土不能止。以客代主，不胜其类。发禄速败，空乏不济。

发挥曰：火旺而不变。已为无造化之火，孤然小土，以客星而代主星。入座作空，故云土弱火强。土少而火众，则土为火所焦，土既焦枯，则不能生植。故曰：土不能止。主星皆火，土以客而骤入，故曰以客代主，火众土寡，故曰：不胜其类。类，火类也。土焦于火，土则受祸。尸主于土，祸亦涉及之，然火禄必发，而无造化，土又受祸，其势必败。

故曰：发禄速败，土为财星。今既焦枯，则财气耗竭，故曰空乏不济。凡此，皆论五行之造化也，有五行而后有造化，有造化而后有五行。无五行则造化无从而生，无五行则不见其妙。此论五星者，意味深长。非圆机之士，不能明也。火星本为尊星，而又主禄，禄中带秀俊，兼该具备。但难为

火星十五

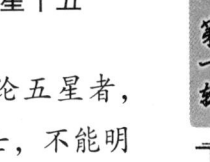

和叶。过烈则易伤，过弱则易熄。生土也，而又焦土，土厚则不行。生水也，而亦缩水，水盛则不炽。以木而发焰，木积则受压而灭。以金而生曜，金重则不胜而衰，此造化之所以难也。故子微五星造化，为地理之玄妙，此当以千金而求之也。

木　星

木星一

□以木落木，水脚滋润。木润愈盛，耸天奇俊。以土培之，木势益振。文章科第，自然升进。

发挥曰：立木落而为座木。根脚有水以润，木滋以旺，而土又培之。宜其愈传愈盛，愈耸愈秀。前去入穴，必主秀丽，则以文星而得地。若更有一字蛾眉圭笏等类，其贵龙可知矣。只以目前所图言之，亦主出人文章驰名，科第致身。升迁穹显，无有纪极也。

木星二

□木星落土，火出其中。又生以土，其木益荣。何恶乎火，为之蕴崇。木资以成，文章贵公。

发挥曰：木星落土，则土足以培木矣。火出其中，则以火生土而养木者也。非烧木之火，故木得烧土黑壤而肥，是蕴崇之土也。左氏传曰：如农夫之去草。善种地者，拔完草以火焚之，化而为土，做肥料，可以为木之益，而不能为木之害，故曰为之蕴崇。木资以成也，火为禄。木为文，必出文人而贵显。故曰文章贵公。此格之变在土，而火有归宿，故为吉，不为凶也。

木星三

□木生以土，无土则仆。木落而生，七八九数。以土不继，眠侧行度。再得土旺，乃贵乃富。

发挥曰：木为文星，金资土旺。木落而穿，凡七八九数。木得土以继之，遂斜侧欹眠，几于不振。须得土而后端耸复起，侵天插云，皆土之力也。夫世俗之目光必止，称此谓闪断之龙，退卸如此，幸而获吉，而不知吉之由。此造化之妙，不容以一概论也。木主文章科第，土主富厚，故曰乃贵乃富。

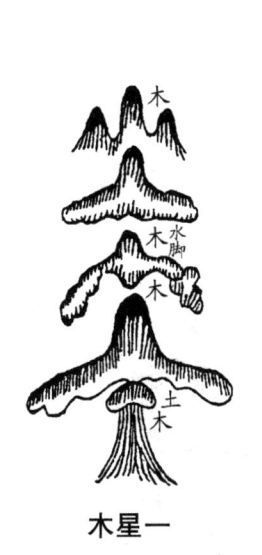

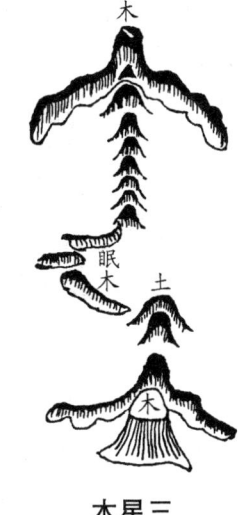

木星一　　　　木星二　　　　木星三

木星四

□木落而土，土生以金。金刚断木，木横受侵。木断成器，为印居心。文章贵显，能以德钦。

发挥曰：此以金而论者也，木落土而后生全。金有所本也，金能斩木。木横受断，木断成器，乃为印星，复传座木，以出芦鞭，此文中之最贵者也。况其间变换，皆合五行造化。如一字，如印星，如芦鞭，皆非庸庸碌碌之格，故曰文章贵显。能以德钦，能以德钦者，以德为众所钦服者也。

木星五

□木以土旺，土生愈厚。客星代主，主为客有。御屏尊贵，为客主守。传土入穴，富贵莫右。

发挥曰：木以土旺，固也。土亦能胜木，然此造化，不如此论。土多木少，木当益茂，若眠行之木，为土所压，则有腐朽之害，此乃生旺之木。土多无害也。故变土而传出为御屏，然后入穴。其贵气文脉，莫不具足。以富以贵，不可当也。木为主，土为客，而客星入穴，故曰主为客有。先御屏后入穴，故曰为客主守，别起土星为穴，故曰传土入穴。木文而贵，土财而厚，故曰富贵莫右。

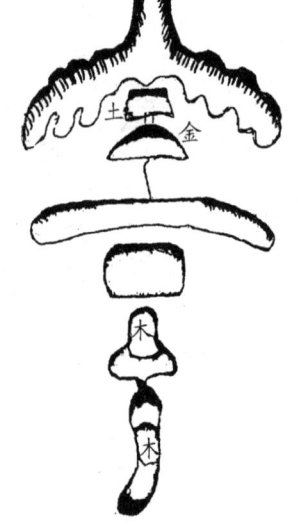

木星四

木星五

五星之中，木最为贵秀，而忌犯最多。遇水则荡，遇火则焚，遇金则伤，土独相宜。而土厚则压。盖凡物之美者难养，此理之必然者也。故木星之龙，必观造化相宜，然后可扦。若忌犯伤害，则必非佳地。盖天造地设，既融结大地，星辰必比和，神杀必藏，缠护朝对，必皆有情，自然暗合造化之理，扦葬其间，尸魂既寄，子孙逢吉，则是木星之美也。

木星六

□三木起祖，木父水母。水气得脉，父薄母厚。子受母气，

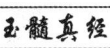

木倒而负。偃而随水,木穴离走。

木星六

平冈干湿地

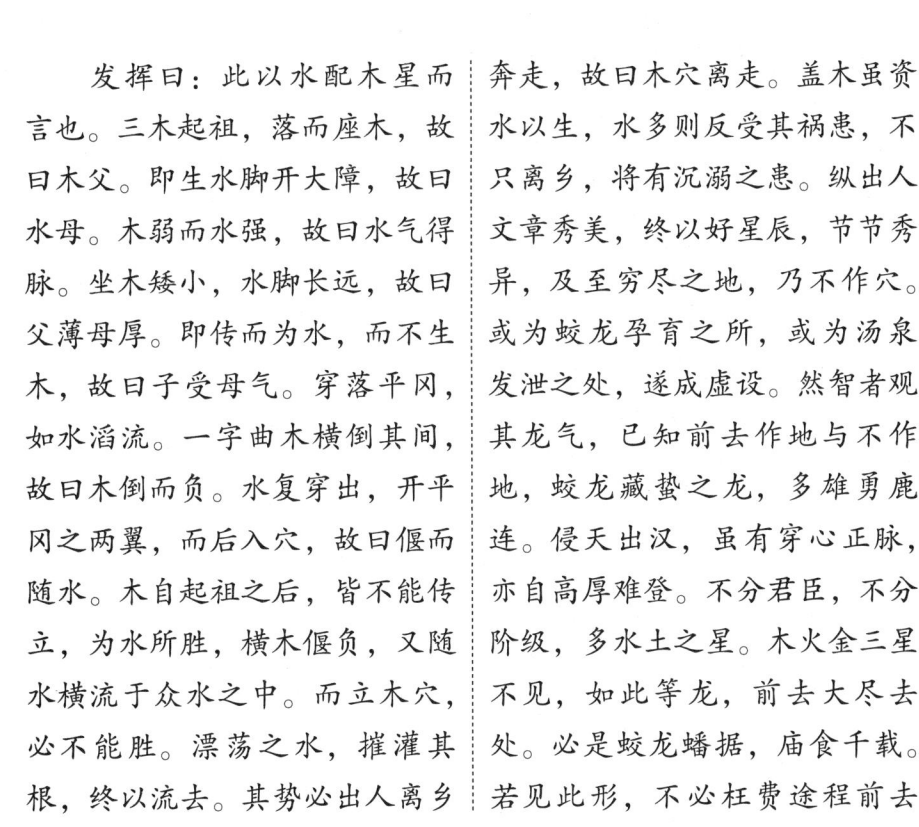

发挥曰:此以水配木星而言也。三木起祖,落而座木,故曰木父。即生水脚开大障,故曰水母。木弱而水强,故曰水气得脉。坐木矮小,水脚长远,故曰父薄母厚。即传而为水,而不生木,故曰子受母气。穿落平冈,如水滔流。一字曲木横倒其间,故曰木倒而负。水复穿出,开平冈之两翼,而后入穴,故曰偃而随水。木自起祖之后,皆不能传立,为水所胜,横木偃负,又随水横流于众水之中。而立木穴,必不能胜。漂荡之水,摧灌其根,终以流去。其势必出人离乡奔走,故曰木穴离走。盖木虽资水以生,水多则反受其祸患,不只离乡,将有沉溺之患。纵出人文章秀美,终以好星辰,节节秀异,及至穷尽之地,乃不作穴。或为蛟龙孕育之所,或为汤泉发泄之处,遂成虚设。然智者观其龙气,已知前去作地与不作地,蛟龙藏蛰之龙,多雄勇鹿连。侵天出汉,虽有穿心正脉,亦自高厚难登。不分君臣,不分阶级,多水土之星。木火金三星不见,如此等龙,前去大尽去处。必是蛟龙蟠据,庙食千载。若见此形,不必枉费途程前去

寻踏。汤泉湿热之龙，必是火土更旺。多见火多土少，木水金三星不见。而又龙身节节生巨石嵌岩，或全身石骨，火焰烧空，土形不秀，每退卸处，必有火星。而生蒹葭叶，如此等龙，前去大尽去处，必是汤泉发泄，热如煎烹。若见此形，亦不枉费脚力驰逐。然汤泉发泄，必在火尽处，龙宫在未尽处，但既有蛟龙，此龙前去，必无大地。不足取矣。

木星七

□木祖气枯，干而生火。强穿坐木，火脚缠裹。火传反旺，节节延过。忽出木穴，虽贵有祸。

发挥曰：以木星起祖，而变为火龙。此固无害。若中间得土，以为火基。仍传入穴，则吉矣。若作木穴，亦须先得二三重土星生木。木得一二传，而后入穴，则亦吉。今众火炎炎，起祖之木气已灭。如大木根干，皆被火焚。偶有微根，相去稍远，火所不及，遂生萌芽，焉能久耶。木文火禄，出人不能不贵，但贵中有祸，兼招瘟火，其说与火星类中火入木穴者同。

木星八

□木火相间，是为驳杂。两不相宜，气非谐合。扦葬其中，瘟火沓沓。祸盗相逢，贵而受法。

发挥曰：五星可以相间而行者。水火停匀，则为既济。金水先后，则为相生。其余如土之于火，金之于土，皆可麟次间出。唯独木火不可相间，反被火焚，惟土间之则可。然土高压木，亦能致祸。况于火乎？经云：木星落火须成火，变化不成反为祸。若还火变木仍存，驳杂星辰龙是破。穿火原来火不烧，穴头更作木星座。此乃瘟黄天火胎。传变反为恶因果。盖木与火难行，非惟变火则吉。变火不成，则为驳杂尔。断言贵而受法者，火禄木文，亦主出贵，但终须受刑法也。

木星九

□纯木自落，自穿自生。无土无水，欹斜不荣。木进不长，穿落低平。必出丑穴,虽贵无成。

发挥曰:纯木自落者,纯是木星,木星中出木星。落下又穿而不变。无土栽培,无水滋润,木则攲斜偏出,倒地不植,进而不能长茂,既无造化,必出丑穴。虽以文星发越,出秀出贵。终亦无所成就。汩没不达,盖造化火缺,滋培不到,秀而不实尔。

木星十

□木弱无气,龙脉不至。愈焦愈枯,愈削愈细。出为单枝,香火之地。扦葬其间,退业绝嗣。

发挥曰:木星必要栽培滋养,然后为合适造化。若无栽培滋养,则根本不盛,枝叶不荣,干枯焦弱。不枝不叶,单行独出,纵有融会,不可扦葬。只可为祠庙寺观香火之地。若以扦葬在此,则龙既无气,当主家业退落,子孙衰绝。虽为文星,不能出贵矣。龙贵生旺,生旺须凭滋植。如木须水,如火须木,如金须土,如水须金,如土须火,各须造化扶持,而后生旺得地。

木星八 　　　　木星九 　　　　木星十

木星十一

□木祖三台，火障横开。落木亦秀，三土鼎排。忽生水脚，水旺重来。水生三金，武换文阶。

发挥曰：此以金星论木。造化以三台起祖，又系文星。而三土鼎排，穿出其间，复生木，而后生以水脚变水。水重重而来，连生三金。而后入穴，其为金生于水，而旺于三传。则金得地而秀矣，木虽不喜金。以土培之，以水生之。金因水出，而与木不相关系。则木自秀而文，于木金无忌犯。宜其吉也。初出武，随即换文，当以科第而致富贵。

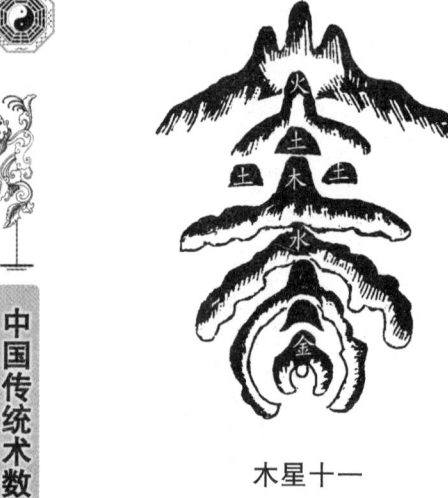

木星十一

木星十二

□木星起祖，即落为土。木横而仆，眠木传度。以土压之，木朽而腐。若生秀士，夭亡死去。

木星十二

发挥曰：木与土相宜，而反为土害者，何也？盖木传而弱，起祖之下，更落木星，然后变土，则木得土培，自然荣茂。今起祖之下，即落为土。土传而厚，木再传出而为一字之文星。

此非不佳,然文星之下,传变立木。则木旺而土为培植,此则文星之下复为眠木。而土覆压之其上,木受土压,必至朽腐,木不得地。虽出人清秀文采,必不长寿。若庸浊之人,则保寿可考。盖庸浊乃土所生,文秀乃木所生。出于木则夭,出于土则浊而寿。不宜以木贵,宜以土富也。

木星十三

□木祖木父,变为金母。金借水气,旺而传去。众金磊磊,木作穴主。贵秀有害,宿疾佝偻。

发挥曰:木星起龙,无土无水。而忽变落为金,金生水脚,遂得借水气。一向生旺,传送入穴,磊磊皆金。又以孤然之木,为主穴之星。出人必秀必贵,然富贵之中,终有凶害,不能长久,仍出损肢折足之人,及佝偻等病。经云,若还穴是金传送,此木还偌有病痛,出得孙儿损肢节。富贵宿疾传来众。盖以木受金伤也。

木星十三

木星十四

木星十四

□木落为土,错杂无主。土旺替木,倒而僵仆。传得立木,乃可生吉。不然文夭,只可浊富。

发挥曰：此格自木落土，又生座木。初无凶处，但不合座木而下。二土隆厚，不穿坐立之木。而变横偃之木，终为土胜。所以不利于以文而发秀者。其大意与前格同，皆主发文者夭而浊者寿，然必去土星而下。不即入穴，复生立木，渐渐高耸。木旺而后入穴，则吉凶祸福又不如此论也，其造化当从得木生旺处求之也。

金　星

金星一

□金星起祖，落金横阔。逢水再生，愈旺不杂。水土更滋，起坐入穴。秀而且文，穹武之职。

发挥曰：金，武星也。水，秀星也。水亦有文，风行而波纹生，霜凝而水纹著。此水之所以有文也，然武星为祖，又以入穴，所生之人，必清贵能文，乃以武功著绩，而亦以武职显身，致位穹高。全以水而秀故也。

金星亦带秀气，不独水秀。金旺相资之龙，其应如此也。

金星二

□金祖巍峨，落金脆嫩。又生矿金，必资火煅。金镕而圆，水淬金坚。秀曜发见，文武兼全。

发挥曰：大金落为小金，故曰脆嫩。复出石山，故曰镀金。穿变有火，而非伤金之火，顽矿之金。资火镕锻，方成美质，故曰必资火煅。火星下复出圆金，则镕而成者也，故曰金镕而圆。金既出火，必资水淬，则为坚刚矣，故曰水淬金坚。淬金成器，金生石曜，故曰秀曜发见。金，武星也。而淬之以水秀，成之以火禄，出人必才兼文武。出将入相，故曰文武双全。经曰，金星落火与木别。煅炼刚柔有优劣，一个金星落火时，镕写团圆无欠缺。变成两个渐圆长，三个出火金刚烈，四个定遭刀剑生，此是金精成器说，此说正合此格。

金星三

□金祖金父，金母金子。金旺则蠢，非火镕不美。火镕而圆，圆金自传。更以水秀，福禄乃坚。

发挥曰：金老则变为蠢顽之金。非火镕化，则不成美质。此金落下，既为小金。忽突然起献天之金，四传而无土无水。不见滋养之造化，遂出顽嫉之全。若不见火，则无用矣。得火镕液，则为团圆粹美之金。传出更有变换造化，然后入穴方好。若以纯金融会，则武职也。不以文显著矣，此与前格得火以煅。得水以淬者，全不同矣，于此可见造化之轻重。金无造化则为顽矿矣，造化以火土水三者，或滋，或养，或煅炼镕冶而成者也。

金星一 　　金星二 　　金星三

金星四

□耸天之金，落为横金。水蒸其间，三台木深。金间横金，断木得福。复传金去，造化有属。

发挥曰：金之于木，全无相干。而谓之造化有属，何也。盖无木则为无用之金，有木则为有用之金。无用之金，则金未成器，有用之金，则金已成器。可用之以断木也，故曰造化有属。

子微之意。正以木见金之有用尔，故曰得福。主出武臣能文，致位三公也。

金星五

□金落金生，土复孕育。退出嫩金，复大其躅。再逢厚土，嫩金中簇。出为金穴，武臣之福。

发挥曰：金本武星，加以土浊，故土只为武臣之福。然论其造化，则金土生旺。得其地位，金贵土富，亦是富贵双全之地。但不以文章显世，若论造化之精微，则尚欠水以发其秀也。

金星六

□金以水秀，亦以水生。水盛金荡，汨没不明。金穴孤孕，洪水满盈。以贵以秀，防其易倾。

发挥曰：金虽以水而秀，以水而生。然水太盛，则亦能使金荡漾。随水沉没，而不能自见，纵出贵出富。亦易倾败，乃出人离乡。详已见于水类中水出金穴说，此格同。

金星四 　　金星五 　　金星六

金星七

□金落变水，水传数里。屈曲委蛇，滔流不止。金小随波，水脚摇拽。水出金穴，离乡乃贵。

发挥曰：若龙祖是水，亦须得木得土。方为有造化，纯水泛滥，亦有凶害。今龙祖于金，乃变为水，滔涌委蛇。屈曲数里，如金在水中，荡漾欹斜，又变为水。若前去得土得木，传作水穴则吉。此格乃于水中作金穴，其能自立乎，必至离乡。俟退至后龙吉处，然后能出贵也。

金星八

□金星祖落，而火即生。传火失金，愈高愈明。众曜之中，金穴忽成。贵秀瘟火，灾祸频仍。

发挥曰：金固不能克火，然非火不成。然穴是金，众火烧金，焉能不灭。此当出人贵而夭折。瘟火盗贼，灾祸频仍。盖金伤于火，火无造化，是以有祸，而贵不寿。所以贵者，火禄显之也。故经云，金星三四穿火时，一水在中真妙绝。盖火煅而济之以水淬，淬则金乃成器。然龙虽出火变金，去尽火脉，然后入穴，始为吉地。若去火不尽，尚为凶也。今以五火镕一金，焉得而不销减。经云，若是五火烧一金，或然三火夹金芜，此金不变却销镕，祸败破家因火绝。若还全火送龙来，只作金山传入穴，举家烧尽起官司，枉死终须莫分说。然下文乃云，要知成器九番变，三变五变未可说。不然四变见真钢，亦可安为中等穴，此则谓九变见金。而后成器者，盖地四生金。天九成之，乃合天地生成之数。四变亦合金生之数，而所谓变者。非纯火也，金资火为造化者。既变全而旺，又复得火，如是九变。则金炼成钢矣，既炼成钢。却须去火，传金入穴，故下文云，最防入穴见火头。传送凶神难断灭，盖金虽需火以成，亦以火而败。需火者，以火为造化。畏火者，不能成造化也。造化者，以土为炉，以火煅炼。以水淬砺，而以良工主之。若徒以猛然之火，日夜烧焚，则不以良工加工，惟有销灭而已。成器之后，不淬不砺，不收不藏。常置诸火中。则惟有焦败而已，故曰已成之金。亦畏火头出穴，况未成之金乎，此所以凶也。

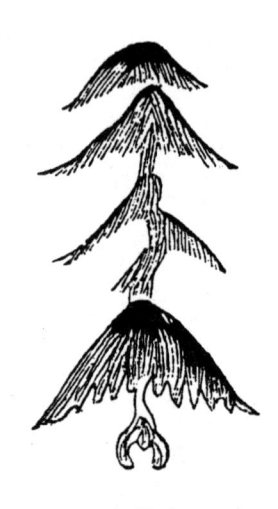

金星九

□一金落火，众火发焰。焰头着金，金力亏欠。欲镕未镕，欲灭未灭。凶胎其中，形穴丑拙。

发挥曰：此格之凶，过于前格。此以一小金入大火，火皆生焰，乃于众焰之中。独出一金，金在镕灭之中，不能成形，粗出丑拙偏斜之形穴。时师不识造化，设扦其中，祸败必矣。故经断不言凶应，但言祸胎其中。蔽以祸之一字，则无一而非祸也。火星尖秀，人多喜之。然不知造化，则误者多。至于秀曜，则反以为畏。吉凶之辨，需要明哲推之，不可不详审。

金星七　　　金星八　　　金星九

金星十

□金盖落金，木盖自生。木旺而秀，金为不明。埋光铲彩，沉而不升。武职汩没，子孙公卿。

发挥曰：此与前一格变木在中者，造化不同。此格大金落小金之后，即变木星传入。愈高愈秀，落为正一文星。复出金为穴，则以众木压金，埋藏其下，金虽不朽不灭，而不能自见，故曰埋光铲彩。沉而不升，只主出一小武职。汩没不达，如金之埋在于木下，不能出尘也，故曰武职汩没。然以盖星起祖变木，又是盖星传木，莫不耸秀。落为横木，乃是正一文星，而后入穴。如此贵龙，岂容虚设。但不合以金入穴尔，若当来处变土，或变水。而后出金入穴，则水土既能培木，又能生金，即造化顺而成穴矣，今水土欠缺，即是造化不足，故金生木下。其初必主汩没，金为武星。只于武职。退至文星，即当出人清秀。退至秀木，科名自显。退至盖星，位至三公，故发迟应远，当在子孙也。但木无土无水，亦无栽培滋养，但恐子孙虽贵而无寿考，造化仍有欠缺故也。

金星十一

□金祖落金，辟为盖星，穿木耸秀。三台入真，一土一培。一土生金，以金入穴，位至公卿。

发挥曰：此格又胜前格。金木虽有盖星三台，象变一土以培木，传一土以生金，土山速出三金，然后传金入穴，造化具足，贵秀得地。必出人清秀，文章科第致身，位至公卿。其序主先进纳，受武职，家致巨富。然后出秀子，生贵孙，方至卿位，退至盖星，乃位至公相也。

金星十   金星十一

金星十二

□以金落金，金穿一溜变传小金。纯金无侑，得土而传。武职致富，无土入穴。神庙之厚。

发挥曰：纯金之龙。一线孤出，若得一土生于其间，而后出脆嫩之金，则主武臣致富。无土而金独传，不过为神庙香火之地，经断所谓纯金无侑者，无佑助之星也。神庙之厚者，力厚于神庙。神灵而香火旺也，此无它，金无造化尔。

金星十三

□献天之金，土质中藏。再传变土，土星脉长。以土入穴，重浊非良。富可自积，名誉不扬。

发挥曰：此格富地而已，亦无凶祸。退至金星，可进武职。无咎无誉也，此金星变土。盖献天之金，去土不远。故曰土质中藏，变土之后，土无造化。故曰重浊非良。盖五星金在穿落传变中，以观造化也。

金星十二 　　金星十三 　　金星十四

金星十四

□金即落土，土落平冈。单孤无侑，神庙崇香。若更生金，传得水良。若别传木，乃入秀乡。

发挥曰：平冈，于五星皆有之。惟土则厚而润。四环无脚而有方，坎龙单独。则只可作神庙香火之地。经断生金水传木之说，此乃泛论造化也。盖谓必造化如此，而后可也。金星于五星之中，惟还传土木，无大凶祸。然亦要造化具足，而后富贵全。若造化欠缺，仍非善地。但不至如他星之凶祸尔，火星无造化。则祸大，水星无造化。则祸小，以见造化之关系如此。

土 星

土星一

□奏天之土，落为盖星。盖星带福，变水以行。水复传土，土润木生。疏通入穴，富贵并称。

发挥曰：土，财星。落为带福盖星，主巨富蓄积。然龙气尚浊，忽穿变水星，以发其秀，土得水润。再传之后，又复生木以疏通之。然后传土入穴，则水秀也。木文也，既秀且文，何嫌乎土。适所以厚其资尔，故主富贵双全。经云，水星若向土穿出，土得水来滋润质。滔滔长往遇土穴，传变精微合玄术。贵人仍作富家翁，富贵双全自不同，于此可见。

土星二

□土生于火，而能克之。土润于水，而能壅之。有火有水，是谓相宜。以秀获福，富贵孙枝。

发挥曰：土落小土，以火生之。穿而传土，土复以积累而厚。既厚矣，又以水润之。再起土星，传土入穴。主孙枝富贵双全，以火禄水秀故也。经断云，以秀获福者，龙之逆退，先逢水星。出人清秀，后逢火星，乃食禄也。

土星一　　土星二　　土星三

土星三

□五土合数，得其自然。生木变木，木旺而传。木资土盛，土亦疏宣。文章科第，富盛绵延。

公挥曰，天五生土，地十成之。今自起祖至落而穿，接续五土，忽变为木，相传入穴，则木以土而生旺，土以木而疏通。土木自然相宜，而又合天地自然之数。土为财星，木为文星，故主出人以科第显。而又家赀富厚也。经云，若是全身都是土，一木疏通穴自然，富积千仓钱巨万，但须难更要朝天。此言众土之妙。独出一木星为穴，则子孙出贵，但不显达，故云不朝天。盖一木生于众土之中，则木气未旺，只主小官选人，不至京官以上也。此格以二木相传入穴，则木气已旺，故科第致贵。当在升朝以上，第恐传至土龙，则只是富盛绵延长远也。

土星四

□土祖土父，金母穿土。土子金孙，脉传父母。复起厚土，传金为主。武臣显迹，家致巨富。

发挥曰：土，财星，金，武星，造化火木，欠火，故只出武职致富。家地绵远也。

土星五

□御屏极贵，落为小盖。土脉绩传，为带福盖。出为土穴，进纳颈大。卜式以之，贵气自在。

发挥曰：土，财星，主浊富，而不主清贵。然御屏却是盖星，又主大富，出为土穴，入赀而致贵显。御屏星盖，皆带贵气，故曰卜式以之。贵气自在，汉武帝时，卜式花钱为郎官，亦能名著史册，非寻常进纳者之比。此予家藏卜式祖坟图，今见于后。

□右卜式祖，古诗云：土星侵天复亘地，出富巨万不可计。中有贵人见天子，头戴朝冠脚踏履。又云一水萦迥会作潭，贵人御座耸天参。出得贵人召上殿，白衣变作紫衣衫。

土星四 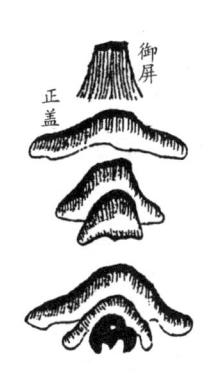　　土星五 　　卜式祖

发挥曰：古经只言其实，而不言造化。盖五星造化，唐一行粗知其略。子微始发其妙而详述，故世之谈地理者，意鲜及此。今卜式之祖，自御屏起祖，凡穿三盖星，皆穿心开障。虽以土星主富。而贵气存乎其间，所惜无木无火，故不以文章显贵，而以赀致身。然无前朝御屏贵人应之，亦未能著名青史，结知

人主。如是之显，故富而贵者，龙也。贵而文者，砂也。浊而能清者，水也。三者假设都能合以成造化，然后著名，显誉如此。不然，亦只一浊富追纳官耳，造化之难全，大率令人有憾。

土星六

□土弱不传，为水所流。水以土浊，不止不休。流出溃土，聚为穴头。丑拙无取，终溃可忧。

发挥曰：水土相间而行，则土以水润。水以土止，爕传水穴，则浊而不秀。故云三四五七变成水。土尽水流清气出，土星起祖，即随水流，水气既盛，强出土穴，所以丑拙。好比土为洪水推荡，水因溃土，及致涸浊。然土溃水中，终于澄聚，至水势穷处，仍壅作一处，但水浪图效，无复得成方圆规矩之形。随丑随拙而已。以此推之，其理皆然，故众水之妙，又出丑穴，纵可扦葬，不能长久，物业破散，人口离乡，或出秀士，功名不成，终飘蓬贫困，一无所有也。

土星六　　　　土星七　　　　土星八

土星七

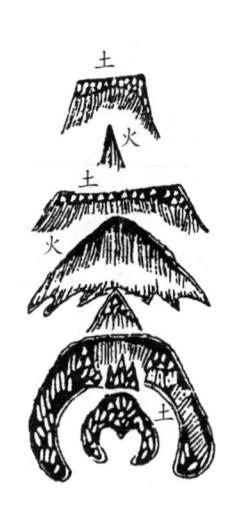

□火之生土，乃理之常。土少火盛，不减则伤。焦枯硗确，土用弗良。瘟火人屋，速贵早亡。

发挥曰：火为禄星，虽以火旺胜土。当招凶祸，然禄之为气，终不可掩，亦出人贵显，然瘟火凶祸自若。

土星八

□土以火生，火以土宿。二者相资，发富发禄。科第显名，家享备福。执性刚烈，乃火所育。

发挥曰：此格颇合造化，故火禄发贵。土财发富，科第显名，则火有文明之象也，所可惜的无水以润之，故出人性刚烈。乃火星所孕育故耳，似此亦是卿监侍从地位。

土星九

□土落土变，土穿土传。十土接续，合数自然。不见秀气，富盛多钱。子孙进纳，有职无权。

发挥曰：十土连续，正合天五生土。地十成之之数，然土无造化。不见秀气，只可作富地。历代富盛，必求追纳。亦以后龙有盖星感召，子孙自有此志。然龙气庸浊，虽可以赀获职。不可以赀取权，

进纳之官，徒有名而无实，虽有官职称呼，而无位可居矿故曰有职无权。

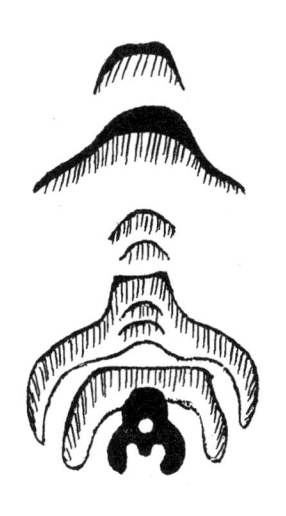

土星九 　　　　　　土星十

土星十

□土星不变，无脚单独。钟鼓香火，富盛陆续。徒党翕集，寺观之福。人或扦之，出家离俗。

发挥曰：土本浊，又无变化，加以其行单独，无脚手挠棹。虽合天地自然之数，只作寺观基址。自然徒党翕集，香火旺相。并受其福，若人扦葬其间，出人亦主离俗出家也。子微于正经中，论五星传变之理，但交互见之，不曾逐星详论，故每星先出五图配五星，而见造化之吉者。然后又合配五星，而见造化之不足而凶者，皆双出之。或以一吉一凶，而相反者示其变，故每星各十五图，凡七十有五图，所以穷五星之理。尽五星之性，发造化之蕴者也。象山略意思之，我则不敢称理解。观者聿毋忽诸，五星造化之妙。萃于此卷，因正经之文，考各图之断，参错互希，无余蕴也，季通发挥。

真龙名髓第三

□龙是祖宗本根地,分定五星人议易。只有穿变少人知,说了精微君须记。穿变之中有名字,此分贫贱与富贵。玉楼金殿起星辰,火星木星都得地。

初起星辰,稠重层叠。广袤方圆,萦迴周匝。而动辄一山二三十里而秀尖,此为玉楼金殿。

□木星变为冠冕样,水星变作千丝坠。金鸾琼阁相间生,凤辇龙车陆续至,翔鸾飞凤相望来。金牛转车回曲势。

方如冕形或倒于地,为一字文星带。珠冕千丝坠,言山散下千百丝线,而线头多有垂珠。金鸾琼阁如玉楼宝殿而小狭者,皆是昂头开翅,带辇者为凤辇。委蛇有曲脚,带车者为龙车,鸾凤飞翔者皆是,尖翅龙回转处有金牛转车之状,其力量极大。

□五星聚讲似商量,金蛇过水穿江里。

五星全聚作一处商量,龙过或在此分龙,所以聚讲最为吉。星石骨如蛇穿自江水中过也。

□中间忽出千叶莲,护托迎送出莲蕊。莲花中心结房子,房子生丝穿犀鼻。

护托迎送如莲花,然莲房与过龙相接处。如犀鼻出头来,引过处有丝线如穿牲鼻之状。

□开幛穿心三五重,天马马台旗鼓备。枪刀剑戟横竖出,甲仗兜鍪并鞍辔。日月捍门水出纳,后手缠托有十里。

大龙出帐穿心,不与小龙同,台上马台也,或倒地如刀剑等形。平地抽出石笋,尖如顿枪刀然。甲仗或如田塍相压,双双相比,故如堆甲样。又如平山浅冈,如挽甲晒濯之类也,江水自日月捍门中去来,此言大缠托也。

□此龙端是作帝都,大龙千里费推寻。

玉髓真经

或作节钺藩镇地，东都周陵寝。龙行千里，次龙三百四百里，节镇行宫之状也。

□一二百里作郡邑，皆有五星穿变理。小龙不下五十里，三十二十皆好地。分龙定起大星辰，不起星辰不生气。

星辰高大，龙身长而穿变众山。方有统摄也。

□穿心中出是真龙，龙不穿心力量细。虽然难可执一论，左右迭生交互势。左有右无过一节，右有左无本非异。此名元是兼葭样，但要星辰得地位。星辰得地是真龙，避会生枝不偏废。多因水火作星辰，芦叶多尖左右至。

言穿心之节脚，或左或右偏斜。如芦竹叶来去有脚，此只要五星不伤陷足矣。避会即是来去之义，以芦叶平而尖，故多出水火二星，平者为水，尖者为火。

□一等名为芍药枝，左右相生亦相似。分处光圆有枝叶，此是木星生带水。

言如兼葭叶，但兼葭叶尖长。芍药枝短小，而枝节多开三叉叶。惟去来生叶相似。

□又有发芽柳枝枝，半有半无似人字。此龙会是木星传，只喜星辰无变异。

即峦星中人字龙也。

□停匀惟有梧桐枝，双送双迎两手势。对节分生作穿心，祖宗儿子都相类。此是木星最贵处，此龙百中无一二。若言执一去寻龙，行遍江湖无一地。

言两旁山脚皆有停匀。如两手相对坐也，必势对生。穿心行龙则难得此地矣。如偏生而系吉龙者，亦不可不取也。

□又有偏生杨柳枝，边有边无极乖异。此名本是受偏处，半枯半荣无意味，一边荣处生枝叶，一边枯处如削擘。枯处定有护龙近，若少护龙出风痹。左边被风是左瘫，右风右瘓如符契。多生妇女少见男，正为偏枯非全气。左偏长位多生女，右偏小位招女婿。

手足桡棹全缔一边，皆是回龙转过处。若是退卸方好，若非回转过处。则当以荣枯而论，偏处有护龙相近乃吉吗，无则此向偏受风寒，当出人患风痹瘫痪等病，龙受气不全而偏，故生女不生男也。

□却有偏生极贵龙，名曰：卷帘登殿试。此是金星巧传变，舞蹈横斜大复细。

金星横列二三重，状如卷帘殿试也。舞蹈横斜大细，言卷帘引试之状。

□又有名为玉阶级，偏接九层斜上陛。亦是金星出贵形，变化精微已成器。

亦是金星横斜九重，每重皆是角上过脉。似非穿心而宝贵也，凡是偏龙俱要合此名法，即是贵气不可拘泥。

□又有名为金琐甲，小山磊珂互相压。此个金星玄又玄，过处有脉似丝悬。中间贵气说不尽，更看精微入穴扦。

小山磊磊，如交万鳞次，如金琐甲形。丝悬甲琐中，有过脉如丝，看入穴是何星辰，或生或克定祸福。

□又有御阶人少知，似筑城墙结阶地。山低平顶长百尺，宛转平洋无特起。此是土星巧过处，似直似斜龙最贵。

百丈低平之山顶有平路，如阶梯可行。

□九天飞帛宛曲生，活似飞蛇背上行。此是水星穿过度，贵脉精微最要明。

龙行如飞帛而出。

□更有一样蜈蚣节，七个八个十个生。个个小山微有脚，不作穿心样度行。此是土星出金子，渐渐秀异转见清。却有两傍迎送护，方见贵气秀分明。

此龙元是土星中来，从土星中生出金子。渐渐秀异，为清贵之龙。

□又有平洋多沮洳，中有石蛇蜿蜒去。金蛇过水最精玄，此是水星真骨露。金蛇换出脱蛇形，亦是水星方脱离。退卸出来贵气清，单单屈曲出低平。却有缠护迎送足，莫作单龙下贱名。此龙传去作真穴，出人清贵为公卿。

沮洳之地中有石蛇骨行方为佳，如无此，有沮洳之地却不佳也，其初水星破碎不秀，来此方变换作蛇形出去。

□又有名为抛玉梭，左偏右偏可奈何。元来却是火星出，变化已成精气多。时师若作偏

玉髓真经

斜看，弃了真龙欠切磋。

抛梭之龙左接右，右接左户，皆非穿心正出，乃火星之变本，此为真龙人所不识。多以偏斜而见弃，此欠切磋也。

□又有点点滴滴落，名是金銮鸣玉珂。垂珠半圆半缺折，此是水星离风波。

金銮殿名玉珂，佩名垂珠，圆缺皆佩玉形。水星先起波浪，来此变为玉珂也。

□又有一字文星变，玉璪珠疏天冕见。此中定是出王侯，都是木星弄针线。

有文星横带，其星圆而小者为疏。缺不圆者为佩也，佩无一字文星仍不圆，故为水所变。冕流一方而聚圆，故为木所变。

□又有文星从直行，三个五个圆珠显。不分两伴不停匀，只在一边排作片。此星名为玉琴徽，只出清高精笔砚。或为处士或高士，宣诏布衣直上殿。正缘龙气有偏枯，乃是木星和土变。

冕疏文星似琴形，若文星直而圆珠自排一边。此乃玉琴徽也，此星不全是木，乃兼土星所变。故有偏而不匀生也。

□又有穿出棕榈叶，木星变火焰烨烨。或是火星逢着土，火焰奔遁去无数。夜丫头上出尖笋，亦是火星传变处。此龙皆是带秀气，莫听时师便不取。

夜叉头上本可畏，而又有尖笋，人必畏之，然却是秀曜所生，不可不详。

□金斗玉印是土传，半送半迎相后先。

低而方故为土。

□金船出峡随水落，贵气中间高一着。楼船出峡是木星，此是朝家万岁城。凡人不许轻寻踏，纵无人祸有天刑。

峡中有水星形，水星中间突起为船。水山平泽中间有土星，根脚中起木星，连属尖秀，是为楼船。

□合门宣旨土星出，贵秉中书内相笔。山面壁立如闺阁，却有小山从此出。内官宣麻如内来，此是木星本来质。此龙定出上相才，更看穴是何星出。

高山在后，壁立如闺阁，然有小山生出者。正如闺阁之状，而内官之山相离稍远，面前麻

诏是也，合门为土。内官为木，宣麻皆木之类，皆属木。

□金鸡御诏火穿木，木变文星火相逐。此是大贵出龙儿，神童大科贵更速。金钟玉釜是金变，贵极人臣状元扦。

鸡为火诏为木，鸡直木横是也。高者为金钟，低者为釜也。

□又有流星水内来，白芒蚩尤同火变。形骸相似横直飞，三样星名须细辨。

水星中来，直者为流星横出。焰者为白芒蚩尤，蚩尤长大。白芒短小，流星有清气而吉。白芒蚩尤主兵而凶。流星为水，白芒蚩尤水星变也。

□又有星名贯天虹，紫赤石生如几砚。亘城样舒百十丈，横出后龙相贯串。短者为几长者虹，若是虹兮定曲转。作带太大作几长，此是木星随火变。极贵人臣有大凶，贵得大权为贵公。大凶奸雄生大变，只是此星变化中。

指作带太大作几又太长，只可名之曰虹也。

□宝剑出匣是火气，却是金刚炼成器。时师错认作枪刀，贵骨安名作贱地。

言此本是贵龙，俗人反作贱看。

□贵龙似死形不同，木星天上起高峰。高峰之畔六七个，个个渐低寻木踪。上天梯名人未识，只道直来非活龙。不知贵气势无敌，定有皇都卿与公。

初有一高峰，一高峰之下七个八个小峰峦。一个粘一个，一个低一个。愈下而愈正，自高而自卑。前面正看如楼之有梯级，而峻极于天，是谓之上天梯也。

□推车进宝龙亦直，前大后小来势力。此名木星传变生，贵极升朝藩镇格。

山形如反倒浮瓶，累累相贯而来者是也。

□玉几随轩是木星，行地生来纵复横。定有贵星坐地木，主出三公并九卿。

木星倒地横行，成玉几之形也。玉几定有坐地木，为贵人以应之。

□象简玉圭穿过处，变化元因倒地土。土星变木雨处成，

玉髓真经

故有此形为贵祖。玉瑁苍璧出中间,亦是土星机巧处。又有圆圭生四邸,土火相生传变地。牙璋亦是土火生,将军发兵应符瑞。惟有简圭璧瑁形,大贵三公同地位。

简长而方。圭短而头圆。土星传变而成此形,则为木星。玉瑁苍璧全是土不曾变换,圭有四邸。祀天子之宝,圭为土,邸为火,火焰四出平土之中是也。牙璋起兵之符,璋乃土星,牙为火焰,牙璋主武臣之贵,圭壁主文臣之贵是也。

□天池不可全作水,亦看形骸圆拙异。方圆为土长为水,四面尖生水火济。水火既济是真龙,此龙出人必尊贵。

水火既济是为难得。

□池中更有石笋生,火焰水中特地起。此贵难言君莫泄,三公向上出天子。凿去池中石笋龙,此地犹出鼎折足。

石笋生于池中,鼎折足言损乎足也。

□又有一种赤紫石,石骨生时龙易识。御赐彤弓似儿横,小矮双圆认要精。小冈却又横拖脚,此是金火变化成。

金星变,双双低矮。山冈横出,山脚如弓形,又是紫赤石色,故为彤弓形,冈为金,脚为火。

□又有石名紫金带,红淡则为红玉带。带似彤弓脚不尖,更有冈峦只平界。此是木星出火生,贵气皆为公与卿。

紫色者为紫金带,石带淡红色则为红玉带,此皆木星自火星中出来。

□直行会见鸳鸯带,两脚双双同小大。或土或石同此名,福禄功名难止艾。赤石双拖紫霞帔,命妇生来元颖异。带帔皆因火木传,内外妇人出清贵。

直行之带旁有两小冈联带相对,则为鸳鸯带。双带出龙,首连脚开而直生两旁,龙从中间有脉生过紫霞帔也。

□若逢石牝出石带,赤石异形形小怪。此石带病多不祥,妇人长病不离床。养子多因胎中失,更有惓惓不嫁娘。仍生瘵瘵传尸疾,人物清丽寿不长。

山石有窍如牝,而石僚如带,出于其下,此主妇人病也,赤石带主病。

□又有步障分青紫，锦步幛因石色紫。土山生出草木青，青步幛横因此名。此是土星欲变木，平截后龙绵亘横。障前定有贵人出，此是木星得土生。个样星辰最为贵，当代成功万代名。

低小者为带，高横者为幛。

□子龙出胎是水生，此去相将变水形。锦鲤化龙亦相似，游鱼上滩同此类。三样大小虽不同，秀气变传尽富贵。

山低平如龙形，出于水山之中为出胎子龙。鱼形之山在后无足者是，龙形之山在前无足者是也，前高后低名上滩鱼。

□天驷出厰合天星，天马驰陂变化精。此是土星作弄处，变金变木从兹去。此龙极贵声名高，要以精微玄妙处。

天驷如天驷星，一星总四星。厰指后面山而言。马形出高山之中，为天马驰陂也。

□又有名为出山虎，此是木星穿得土，此龙如虎顾盼行。前去相寻木曜生，出穴高雄有威气，定有将军节使名。

木穿土故成虎，虎所变再成木。木后龙有虎，则出穴必高雄。

□金牛转车龙转处，金星土星自为主。此机玄妙要先明，富贵须从此地生。若究贵龙寻觅看，前去星辰须变乱。乱后终须金体生，生得分明龙始成。却有贵人从此出，富贵双全家厚实。

龙转如牛作势用力转车之状说回龙此是土星也。

□又有金牛卧草形，此是土星原质朴。此龙只堪作巨富，丞参簿尉云仍做。或为进纳坐高官，代笔假借非儒冠。

如牛卧草形，乃是土星在平地生也，云仍方得小官，可见其迟，又非由科第得故也。

□飞凤昂霄是火族，鸾凤低头是啄粟。低头出去变金星，昂霄定是生秀木。贵气元来一样成，定穴出人可占卜。

凤翔有火焰，故为火星族类也。肩起而头低，名鸾凤啄粟，低头者已有低下之势，故主变金星。昂有向高之势，故主生木星。

□又有仙鹤垂啄形，二翅敛入高亭亭。正缘肩窄不开旷，华盖三台名不成。只得项长遇处好，贵处只从过处讨。此是木星传变处，更要翅梢自迴抱。若逢孤立不包缠，只是清高锡师号。

凤翔舞舒展，而鹤形多瘦。

□金鹅趁浴是土星，金鸡浴尘火变成。二者俱为富贵气，清浊重轻还有异。金鸡浴水火里生，或是池塘泉水平。鹅顶精微是过处，皆是水星传变成。同辙殊途皆出贵，要见精神却未明。

翅敛而肥者为鹅趁浴，乃土也。翅开而清瘦者鸡浴尘也，是为火星变也。鹅浊而贵轻富重，鸡清而富轻贵重，浴水鸡清于趁浴鹅。

□火星有时见精微，名为飞燕带游丝。

燕形尾翅皆带火焰，故为火星，游丝是丝线过处也。

□木星亦有巧妙处，卧蚕吐丝面前去。

倒地木星如卧蚕形，带丝过脉在前。

□此龙妙玄秀而清，内相中书及藩城。若有星辰高耸起，应副变化尽全美。定出三公官极穹，子子孙传富贵。

□又有一名踏碓龙，亦似卧蚕同此踪。碓傍定有一窠臼，或是有水或只空。

小者为蚕，蚕必波，波地大者为碓，碓直而不活。仍有窠臼可证，加以头大。

□此龙全然非真气，只怕退卸别有工。又有天螺出壳形，此是土星露玄精。

土星如螺，下出一条如蚰蜒头者是也。

□玉蝉出蜕又精绝，皆是土星祖宗生。

蝉后有形如蜕者方合此形也。

□精微要妙谈不尽，更看变得是何星。且从生克论纯杂，然后入穴定功名。单龙本凶亦有吉，鉴辨不精易相失。芦花鞭与笻竹杖，两个木星同一样。芦鞭生活有傍龙，骑马朝天为将相。笻杖曲节一头转，数丈孤单自生强。傍无遮护受风寒，多出师巫及游荡。

芦与筇皆是倒地木星之小者，芦鞭曲而活。如芦鞭之袅袅是也，筇竹如节之转，自是生强无鲜活之意。

　　□玉丝鞭共玉琴弦，鞭袅带丝龙后穿。玉琴有弦自傍落，急直微微以手拼。

　　丝鞭有丝过度，自鞭杪而出。琴弦则别有山送过，如琴弦线从傍而出。直而且急也，

　　□丝鞭高贵当正拜，弦琴紫衣师号名。

　　琴弦不合傍生，一边有琴为护，弦边无护，故只出紫衣也。

　　□二者相似名各别，清卖尊卑亦异情。别有一等歇灭龙，倒地木星生死同。半有半无半出没，似是贵龙欲藏踪。高处才高一二尺，草木不生名曰童。低处或为冷泉地，沙石瓦砾生重重。时师指名龙退卸，误杀人世论真假。此龙况是无迎送，便作神祠非灵者。或为仓库亦易散，若作人居定孤寡。壮年哭子老哭儿，无子无孙空弄瓦。若作寺观无税钱，专靠香火与结缘。僧道抄化常不住，住者清昼床上眠。

　　□又有一等交互势，似送似迎却非是。名作空亡曲木星，无气无神非福地。总饶作穴亦成空，消散人家财不丰。子孙贫寒作技艺，新妇寡从鳏处公。

　　□更有一等名破败，木星受地受灾害。掘凿坑窟左右逢，或是住基曾冷退。或为窑灶或粪潴，或是葬埋已迁改。田家取土日夕锄，或崩或凿截胸背。或斩头尾及手足，仅有疮瘢痕迹在。或遭国伐煅炼损，发泄地气无年代。此龙已死无气骨，纵有贵穴亦破碎。穴全龙死亦误人，下后人家必冷退。

　　□又有一等为崩洪，此处应须无吉龙。直须退卸十数里，或出半程寻去踪。若因崩洪便作穴，葬后人家必有凶。三十年来冷退尽，朝哭孩儿暮哭公。所存壮者有强力，饥寒迫逐去西东。离乡失井流不住，正为崩摧屋下空。伏尸肿尸人易见，亦要分明仔细辨。亦有流沙龙泛泛，或有冷泉作沙湿。或有硬石如碎瓦，不生草木出干窠。或湿或干尽沙砾，无气之龙请精鉴。此

是败水与枯木，若道是龙遭下赚。纵有好穴可安排，家中富足少婴孩。门可张罗少神气，代代死了别儿埋。却是沙堤非此类，水星倒行委蛇势。脊上分明一带沙，两旁是土山无异。此明拜相筑沙堤，不比流沙总无气。

沙堤乃带土山上自然带之沙，如沙堤然，最吉。

□又有一等干湿龙，或干或湿乱行踪。五星散乱不可定，池塘潴浊黄且浓。得雨乍晴盈且涸，不是天池名陷落。雨晴平地皆泉穴，晴后池中可赤脚。此是假龙假星辰，纵有穴形不堪作。人家退败财不聚，子孙下贱女优杂。辨得五星穿变精，又识真龙吉凶名。方可定龙立坟宅，精微全在黑囊经。

发挥曰：或问陆象山云。子微立龙名不一，莫不须如此否，象山曰。子微因名寓理，极有妙处。如梧桐枝，杨柳枝等名。吾初亦以为未然，及观后卷所谓。梧桐叶上生偏子，杨柳枝头出正心，方知此理玄妙。非精探地理者，未易道著。余尝因象山之论，详加究竟。真是似繁而简，似远而近。为何言之。因名以记龙之善否，不亦简乎。因理而求义之轻重，不亦远乎，又尝历览经行之地，山川之胜。梧桐之龙，断无正穴，必有鬼怪偏斜，令人不满。故庸人俗眼，必弃之不录。须识者而后遇，假龙下地，反坐好穴，所以误人。

经云，大龙穿心三五里，远者至百十里。小者亦不下三五十里，此犹只举其小者耳。不然，恐有自误。又云，后手缠托百十里。大缠多是隔江河，川渎别龙百十二里。远远生来作我卫护，及关锁门户。然言其由来发迹，亦同祖宗。但以少言之，亦动是五七百里来历也。大凡穿心，以常地龙脉论之。不拘大龙，亦须有肩有弰。肩如人有两肩，弰如弓有两弰。头展拓开障，方为正穿心。其小者，亦须各开数十丈，方为有力。不然，只是蜈蚣节也。蜈蚣节，虽非正穿心，亦须有脚对生，方为蜈蚣节。若有节而无脚，只谓之蚕蛹节，最为下等无用之龙矣。蒹葭叶，固是第二等龙，不可弃也。然亦有二说，若次第分张。如蒹葭叶，一节开一节，如马领昂霄，望槽奔流，如生蛇度水，屈浪起波。又如啄木缘枝，一左一右。胡僧跳涧，且转且旋，左有则右无，右有则左无，盖是屈折牵舒，自然成势。此则好地也。若或两叶三枝，俱有一傍，二节三节，或尽无叶，则非好龙矣。必有偏枝祸患，无劳取用。夫谓偏者，一左一右，不节节停匀，方是偏枯。且谓穿心之脚则非，大抵要节节交互，相为有无，亦停匀之龙也。芍药枝，不必对生。所谓芍药枝者，如芍药枝叶，亦是来去开枝，但枝束多生丫叉，故前去结穴，必是深曲回抱，不肯作纤巧细嫩之穴。及呈露显焕，然其枝亦须来去出叶，逐节停匀，方为善龙出，不然则不谓之芍药枝也。

　　杨柳枝最为偏枯，若一字之地，得穴分明，亦难轻裹。但他时断有偏枯之应，经中所言欲护龙相近。则偏枯处假外来缠托之力足以相应，不然。则缠护既远，偏受风寒，不可取也。凡此龙，多生女，不生男也。只为阴阳之气，融结为龙。左右匀者，阳气所受也，左右偏者，阴气所受也，阴不全阴，阳不全阳。但以所授既偏，阴多而阳少，故坤道而成女矣，若纯阳纯阴，则又独阳不生，专阴不成，绝嗣之穴也。故经云，正为偏枯非全气，指阴阳之气而言之也。

　　正如玉梭，玉陛，卷帘御试，却不可以偏斜论。此等多在正龙行度中间，必于穿心内间见。若他节偏斜，断不生此贵气之龙。穿心中，及蜈蚣节，金甲虽不属木星，却是穿心之类。蜈蚣节轻，而金甲重，又穿心中之最贵也。单独之龙。惟筇竹杖蓼节，又单行一二十里，或四五里，无桡棹手脚者，不吉。然单行屈曲活泼泼地者，多为香火钟鼓之地，又有大龙作府州县，作垣局，亦喜于后绵亘如带，不生手脚。但此龙却在前，多有关峡迎送，及出单独，此必有两水，或及山隔岸阳原夹送。局大，则迎送必远，局小，则迎送必近，又不可一概论。

　　然平冈单出之龙，五星形体不同，水星多平涧。或横涧三五里，或百十丈，长袤至二三十里。或六七里，小龙亦二三里，然平地环起波纹小浪泡，及有偏斜出水脚可见。火星多作尖焰，分下平冈，其平处，或大或小，或如缺陷，或起石魂，或出石笋，其傍多分，尖脚尖曜可见。木星倒地，多单出，无枝柯，两傍光直如削，其略出短柯者，为行木，手脚圆净而短。若带土者，必生木花可见。金星落平冈，单行者，必小峡，或如丝线，如蛇蚓，或起小金，峰过大者，非金，乃水也。金星单行者无脚，多因金气融液流出，故知溶金倾泻，只如一线之溜也。土星落平冈单行，两傍多方坎，其地高厚壅肿。间出方巨之石，及起方堆平阜，直行不屈，无委蛇之势。故平冈单龙，亦要细辨星辰，方有祸福正据。如沙堤御阶飞帛者，皆吉龙也，芦鞭玉丝琴弦，皆单龙，独活蛇之玄，亦且单出，不可不察。又有似凶而言吉者，如棕叶夜叉似破伞破军等龙。然棕叶少停匀，分叶尖秀，脉从中出，夜叉亦圆，山生尖角，故为吉耳。又有枪刀剑刃针锁，飞扬走射，亦为吉龙。盖

是龙本身带出秀曜，冗中不相逢值，不见冲射方吉。又有侵天如登，落地如坠，起星甚秀，行地如蛇，而不作冗者，皆应护朝应之龙。经中所谓东岸月生西岸白。上方云起下方阴，阴与白处，若不认是朝对之龙，于此寻地则误矣。又有势如奔牛走马，惊蛇跃兔，撒茅飘叶，飞石抛块，此皆下贱奴煞之龙。又有散乱无的。条条溜溜，如鳝出网，如牛奔野，五星不明，九曜无属，此皆散漫游龙也。又有涸燥扬尘，疏脆皆沙，碎石坚刚，破鞋露脚，沙燥烁裸，土赤黑无光，草木不生，虫蚁不育，名为童冈。又有顽石无缝，春夏出泉，卑湿沮洳，常如牛鼻，谓之汗湿，又有乱石条条，无土无脉，或纵或横，青紫黑色，谓之枯骨。此皆经中所不取也。又如断崖不续，过脉未接，连龙不来，骨力就绝。如此，则通古今之忌，而人多忽之。又如流星蚩尤白芒，三者相似，尖曜反枪刺面，三者若同，如成堂局，前砂不见端的，山欲行而不止，水欲去而无情，山高顽而无色，水峻

急而有声，左右山面似回，徐看山背皆走，此则不足道也。子微之旨，不异此矣。

玉　楼

□此龙多为京都，大藩镇，及帝王陵寝，与夫代代三公郡侯宰执之地。

玉楼

发挥曰：尖峰独秀，以下肩停匀，叠数齐整，而又高耸者，出为京都陵寝之地。尖峰独秀，肩停匀。而叠数不齐整者，层级少者，只为藩镇大府。尖峰独秀，肩外晕停匀，内中尖圆乱出，而层级少者，公侯宰执之地。此毫厘之异，即分轻重矣。仍正出，则皆帝王之位。偏出，则有等级。若偏出即断，而别起星峰者，亦吉贵，然终不是帝王居葬之所也。

宝　殿

◇宝殿一

□为县镇，为台郎。

发挥曰：此所以只为县镇台郎者。以肩甲不匀，尖秀少，而形势卑狭也。

宝殿一

◇宝殿二

□为卿监，为小郡。

发挥曰：此所以只为卿监小郡者。以峰不尖特，然亦只是木星，故贵而不极品也。

宝殿二

◇宝殿三

□为五府卿监，为司牧伯。

发挥曰：此龙尖秀。力量故大而显。

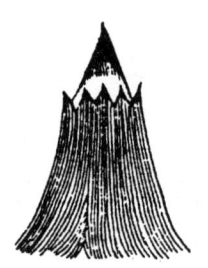

宝殿三

◇宝殿四

□为郡王，侯封。妃后，正宰相。

发挥曰：此为宝殿内贵人，故极贵，又盛也。

宝殿四

◇宝殿五

□为大州，为八座，正侍从。

宝殿五

发挥曰：此与第四图不甚相远。而不过府者，殿中无贵人也。若中间峰峦尖秀，则力量又增矣。

以上五图，力量轻重，相去如是之远，此可以观天地之造化。圆方尖三者皆贵，而有轻重。当以尖为上，圆次之，方又次之，至于特起方峰者，又不应如此论也。

千丝坠

◇千丝坠一

□为台郎卿监典郡，不至监司特节。

◇千丝坠二

□为真侍从，节镇，监司使相，遥外过府。

发挥曰：前一星是平出面，而有折纹及石溜纹者。后一星如馒头，折中起尖，尖顶折，四方八面，皆从顶下。既结尖秀之顶，复水纹倾匀，星辰端秀，则尊贵。故力量发达，行龙必精神，出冗必融会，故贵于先一星平出面者。

◇千丝坠三

□为帝都，为帝王之祖，为

王侯上相之地。

发挥曰：此真水星也。此形是为尊贵，亦是四面八面皆起峰泡，皆有脉缘坠下，及至平地。又皆垂一小小山泡而后止，此安得而不贵。然此等星辰，回环动只三五十里，孕育胎息，既皆已厚重，故行度融会，必不轻作结裹。譬如木植，盘根阔大，枝叶必盛，结实必大，其所蔽荫，亦复宏远，非寻常比也。五星皆有自起祖宗，如横山，乃土星，横亘八九百里，面为长安之祖，背为西戎之祖。昆仑，亦土星，乃数万里，总为天下之祖。盖星辰愈大则愈尊，愈尊则力量愈重。岣嵝丘阜，奴佣下贱，何足道哉。今只作一小小清贵地，亦须特起星辰，况于京都陵寝王侯之地。非大星辰为之祖宗，焉能孕育胎息，变传融会耶。假如座木，只出选人之地。通天之木，即富贵显达。一见星辰高下大小，已知其前去作何融会结裹也，世俗之见，焉能解此。

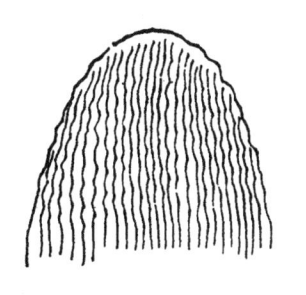

千丝坠一 　　　千丝坠二 　　　千丝坠三

金鸾琼阁

◇**金鸾琼阁一**

□为帝都，大藩镇，为妃后王侯之地。

◇**金鸾琼阁二**

□为宰执八座侍从妃嫔之地，为藩镇。

发挥曰：二星一样。而轻重不同者，正为前一星肩甲尖焰停匀。后一星肩偏。此只是大鸾旗下出琼阁，不可谓之金銮也，金銮乃殿名。前星是大殿下起楼阁，故可为帝都。而后一星只

作藩镇，前星为王侯帝后，而后一星只作宰执侍从，乃嫔御也。一偏一正，即分轻重如此，不可不察也。

金鸾琼阁一 　　　　　　　金鸾琼阁二

龙　车

□为帝王妃后之地。

发挥曰：凡土星端圆。而顶上复起一峰泡者，皆车辇之属也。

凤　辇

□为王侯妃后贵戚之地。

发挥曰：龙车，帝制也。凤辇，王后制也。轻重自不同，龙卓，土生金。凤辇，土生火。皆吉星相次，故皆主福厚而大贵。或云，高大者为车，低小者为辇。端圆者为车，有折者为辇。其折纹如帷盖之属，其说亦通。然笔非只一样，论地形者，特取其彷佛，不容以器数制度谈地理，观者通变之。

龙车 　　　　　　　　　　凤辇

翔鸾飞凤

□上二体，出秀出贵，上二图吉。

□下二体，吉少凶多，下二圆凶。

发挥曰：鸾凤四体，甚不相，而吉凶不同者，何也。盖尖曜多忌反射，上二尖曜向前，故秀而且贵。下二尖曜向后，有反逆之势，故凶多而吉少。然既言凶而又有吉者，何也。盖龙有关峡迎送。若是凤舞鸾翔飞度之峡。反手迎接后来之龙，则只须两手停当。无一前一后，一反一顺，如勾藤反戟之状，则亦是吉龙，不可例以为凶。若只在龙身行度中，而有此反逆之势，而又侵射后来之龙，锁腰刺面，则凶矣。经云，两开吉凶之端。令人用心详绎，使自得之也。

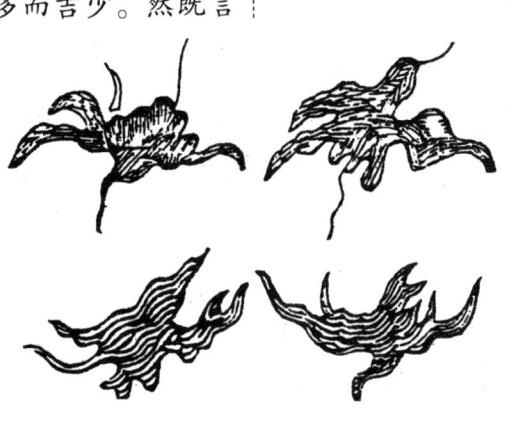

翔鸾飞凤

金牛转车

◇金牛转车一
◇金牛转车二
　□家致巨富，位登相公。

◇金牛转车三
　□出巨富将相。

发挥曰：车之由来，要看来处星辰是木是火或是土。如第一形，乃土所变也。第二形，火所变也。第三形，木所变也，或

玉髓真经

为金所变。亦由曲木边月之形。金牛则皆土也，富本于牛，贵原于车，以轻重权之。第二形第一贵，盖力量重，而皆正心出脉以传故也。第三形为第二贵，盖过换巧，而车又带尖曜，但不合牛头偏出以传故也。第一形为第三贵，盖车脉既不正，而牛头又不居中，牛头虽不居中，却是正脉，所以亦贵。经不言贵之地位，而只言富贵双全者，亦寓权衡于一字也。

金牛转车一

金牛转车二

金牛转车三

五星聚讲一

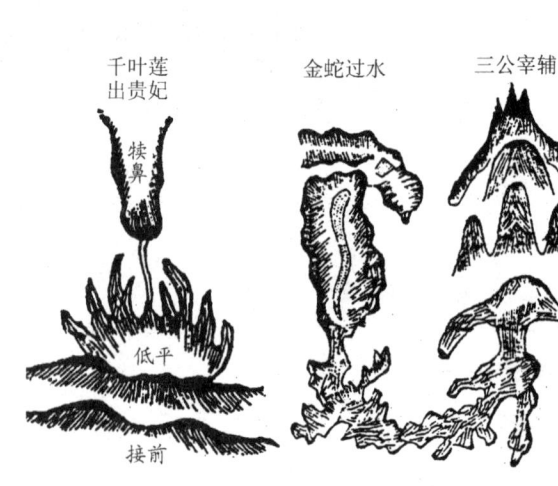

五星聚讲二

五星聚讲

◇ **五星聚讲一**
◇ **五星聚讲二**

□ 状元登第，仍出神童。

□ 出贵妃，神童，宰执重臣。

开帐穿心

□ 出三公宰辅，状元及第，仍出神童，贵妃重臣。

犊鼻
或田或草坪
接前莲花

开帐穿心

发挥曰：五星以五行论。本有生克，惟聚讲不问生克。如漠汉受命，则五星聚于东井。东井，秦之分野也，灭秦受命之应。宋朝受命，五星聚奎，文明盛治之应。故宋朝大贤辈出，先圣大统，始有所属。五星聚讲，亦如五星之聚，若更看他地位在何方向，便可验未来之福应。此图以金蛇莲花牺鼻开障联属于其后。以势脉如此，不容间断也。千叶莲，以媚花取之，故主贵妃之象。金蛇过水，乃是石脉，而水中又有石山证过，最为清奇难逢之地，故主神童状元之象。犊鼻，乃过脉之奇特者。穿心，须是傍起两肩，末如弓有𫓧，横铺阔远，始为正穿心，故此开障穿心极贵。然经文云，贵妃神童宰执重臣者，以穿心之外，复有玉带故也。若只论开障穿心，则须看前后穿变应带，未可便定是何地位。盖游龙假龙，亦有开障穿心。今人眩惑，但穿变处，或前或后。皆无好应带星辰，终不融会作地。纵有形穴，悉皆假伪，不堪取用收拾，故只凭开障穿心，断未可即指为大贵地，此正以玉带而言之也。

天 马

□ 宰执五府之地。

发挥曰：天马亦有二说。若天马之形分明，前后穿变。皆穿心正脉，此一节之脉。从凹而下，无害也。必为贵星，若前后穿变。脉线多偏，而此节复从凹而出，则不可以天马论，全然无贵气矣。此图既有天马，又有马台，仍双出旗鼓夹之以行，乃出将入相之象。然天马星行龙，终不如马首，直趋向前者为生。自

马台

天马

是无病可言，横马须费检点耳。大龙旗鼓，此图特峰其小者而已。固有傍龙特起星峰，侵天入云。旗脚斜飞，或十数里。或五里，或只一二里。散乱飘播，穷极尽处，更不作穴，此则大龙之旗星也。固有傍龙特起圆峰，高入云汉，深峻顶平，如上天木，而周回或匝五七里，或三四里，或百十丈，巍然突兀，四望既不作地，又非他山之应，此则大龙之鼓星也。如此星辰，极误人，

或世俗多喜捉此为行龙之宗，踏逐寻觅，只此穷尽去处，强勉做穴，为之扦葬，不知乃旗鼓余气，正脉不行，元气不集，纵有交会堂局，亦是假伪，不堪用也。

枪刀剑戟

◇枪刀剑戟一

□以上皆系石笋。此等石笋，大秀大贵，然看龙星应副如何真，若取应不好，只作神庙。

发挥曰：经云，有龙星应副者，或是火旺出焰，或是金炼成器。若穿心度脉，落在平洋。忽出石笋，既断复涉，传去又有迎送，或两岸间田隔水，自有护山，或平田旷野左右，隐隐时见圆堆。如此，则此笋不至孤立。必出为大贵之地，若龙行单独。石笋侵天，或拔地林立，不过只作神庙英赫之应尔，虽多无用为。

◇枪刀剑戟二

□此皆吉曜，更看取用。

发挥曰：此乃倒地之曜。取用之说，无异于前，然立曜无凶，倒曜却恐有钻怀刺胁之祸，

故又在看取用如何耳。

甲 山

□出将军大将。

发挥曰：上一图是山，下一图是山畔落田出脉者。皆主以武立勤名，垂竹帛。若前后星辰不应副，或有星辰而弱者。只出小将偏裨，盖力量不大也。

卓立平地上者是

枪刀剑戟一 　　　枪刀剑戟二 　　　甲山（田脉）

兜 鍪

□主以武成名，威镇蛮夷，为大将将军。

发挥曰：此四形皆兜鍪也。有石尖者最贵，然皆要详为照看前后应副如何耳。兜鍪之形，昂前俯后，头短尾长者是，小者为鍪，大者为钟为釜，又在辨其大小也。

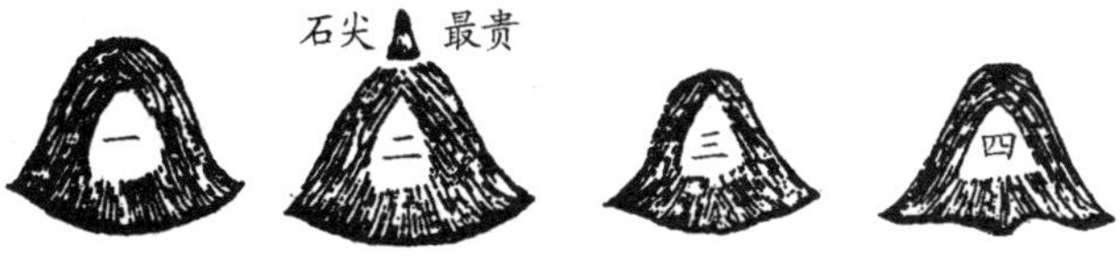

石尖　最贵

一　二　三　四

兜鍪

鞍形

□主出人小小贵。

发挥曰：鞍形，亦有人下此等穴。不问是龙是穴，皆要检点前后取用如何。盖鞍形本非贵星，但行龙之间，取用之际，偶当得此应副而见

鞍形

之，则亦是小小贵格。若只遇此等形，便道可以小小贵，则缪矣。后龙与前砂不同，前砂有此，则所谓解鞍下马，攀鞍上马，金鞍玉鞯，鞍辔贵人，出鞍摄马，唤马装鞍，自有此格，只虽有鞍，亦是前砂一件应星。然犹须有所归，谓要得将军贵人之类，若无所用，不过无吉凶之应而已。龙法则必要有所取用也，或龙傍带之，亦须前有贵人及马之类，方取得来也。穴法有此者，龙真脉尽，形势融会，而有此形，前砂堂局，各相应副，为随形取穴，无不可为之地。或下鞭凳，或下鞍桥，古今有此穴法。至如走马攀鞍，卧马取凳，

伏马上桥，皆是古法。或无马而有鞍者，前砂用马为应，若应星无马。而无归宿之鞍，不足取矣。又有一样直鞍，若龙本身见之，前昂后俯，两傍有带。鞯鞍分明，却是入贵之格。若以横取之，如所图之状。则须详加检点，不可直谓之贵格也。故经云，亦兼甲仗兜鍪而言之。

日月捍门三格

□出大贵五府。

发挥曰：捍门有三说。其一穴前见之，端居近穴左右如门户，放入前砂外阳远秀朝捍。其二江水阳朝，先间捍门，水由门户中入。洋洋坦夷，来不见源，去不见流。其三水口关拦，开设门户，水由此逝，如有门户把守。此皆贵格，然轻重却自不同，今经中所指大贵五府地位者，皆当正面穴前捍门也，有则贵重。经中又言水出纳，则并水口而言。水口者亦贵，然须兼见他星，不可专用此定品高下。若后龙有之，则谓之峡，不谓之捍门。若穴之左右有之，则谓之太阳太阴交照入穴，亦不谓之捍

门。术家指为天乙太乙者，强名也。取义非是，不可使尊星为侍术，或谓之侍人者，亦近之，太阳太阴亦是尊星，却是取照临之义，其义不同矣。若近穴左右有之，亦是大贵格。设或木星如笔，双立为门户，则谓之华表，亦不谓之捍门。若尊耸而不对峙，或双立而不停当，则或为笔为笏，亦不谓之捍门也。取名义虽不同，其为贵格则一而已。

日月捍门三格

又捍门三格

□日月捍门，为贵之最。旗鼓捍门，宰相元帅。马帽文武，名振当代。

发挥曰：日月与前无异，但形象高大尖圆小殊耳。日月本是尊星，见者无不大贵。旗鼓，主出方面专征，若别有贵星相应，则入相出将。天马席帽，入文武格皆可。全要其它星辰证应，而后可定品位，非只一而已。

此以上，皆泛取一项星辰论之，但言到大龙多带此等，亦有前砂在焉，不专指龙上星辰而言。此以下，方是专言龙法。

捍门三格

棕榈叶

◇棕榈叶一
◇棕榈叶二

□大声名盖世。

发挥曰：上图，火即生土。后图，火本生土。而土乃带火曜，贵气差重于上面也。世亦有韭叶龙，与此相类。唐尉迟敬德宅基是也。今附于后，以相似，故备载之云耳。尉迟公所以先贫后富，先凶后吉者。水尖之罪，非龙之病也，观者详之。

诗曰：乾卦来龙水共分，
　　　任是云仙白鹤君。
　　　辉光直下傍优劣，
　　　横财为望巽宫门。

棕榈叶一　　　棕榈叶二

尉迟敬德屋基

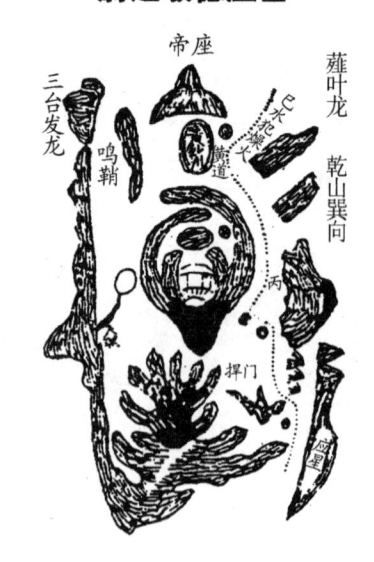

真武大座形

□真武大座形，帝座黄道案。先凶后吉，先武后文之格也。

□谓不可以正乾也，乾山名病龙。禄存也，而巨医是地母卦中属巨门，在丙艮，骨入乾经水，艮山青龙，若回乾。此是卦天门巨上二山枪尖指，盖巳水犯燥火，主先贫后富。入丙六秀则大发贵。

发挥曰：据旧说。失于拘泥，钻枪直射之水，当是遭迍邅，而后发达耳。棕榈叶尖射，以中出为正。韭叶亦此类，但不尖射。此龙有龟蛇会，龙为贵格，加以黄道御座分明，此其所以贵也。

蒹葭叶

◇蒹葭叶一

□此龙木生火，前去变火而行则大吉，变土则大富，变水则凶，变金则成器，则大吉。

发挥曰：蒹葭芦荻。取其来去生枝叶，故取以为名。此龙本是木类，今乃傍生尖脚，则是木带火。亦非吉龙，故经只言其所变吉凶。而见之，形不言贵贱吉凶。盖遇此，未可以为吉，亦未可以为凶，且看所变如何。若所变吉则贵，所变凶则贱。然变火变金，只言大吉，而不言富贵。变土，则只为大富。何也？盖变土，则其为富无疑，变火变金，而星辰各有大小轻重，直是真有此龙。观在目中，而后可定贵气高下。故只言大吉，却自于吉字中精详也。

◇蒹葭叶二

□清贵之龙。

发挥曰：此龙全得木体。圆为平冈，乃行木眠木之类，故直可定曰清贵。若起峰峦，则当是大富贵。不只乎清贵也，清贵者，短于才而廉介。足于名而高上，贵而不甚穷也。盖蒹葭叶，本之次梧桐。而又落平冈，力量既轻。又不带仓廪，宜其财用不丰。但木本文星，今既全得木体。而无驳杂，所以贵也。

玉髓真经

兼葭叶一 　　兼葭叶二 　　兼葭叶三 　　兼葭叶四

◇兼葭叶三

□此龙金断木也，成器则吉。变木亦吉，变金小吉。变火大吉。

发挥曰：此龙金木方杂。故未可定作何品位，渐而成器，则木成器。必变木，故成器变木皆吉。今有金，故有变金之理。但以木之变金，金无所生之根，是以小吉。为何为变火又反大吉，盖木本生火，金断之。木生火，如以斤斧斫削木梯以发火，则火变必旺，起大尖峰以为禄主，是以大吉。

◇兼葭叶四

□出卿监台郎。

发挥曰：此龙虽是兼葭叶。然已有穿心之状，但两手长短不停匀耳，故只作兼葭之格。然木星高耸，所以可作朝士格看。并出穴法，此乃取收左右堂局之法，不拘龙脉如何也。

此龙木星既已高秀，若更两手停匀，即为正穿心，不为之兼葭叶也。如此，则是真侍从过府格局，不只台郎卿监，正缘两肩虽平，两手偏格，一长一短，只得木气秀旺，所以贵速，亦作朝士，木星起峰，故不只清贵与前图平冈者不同也。

142

芍药枝

◇芍药枝一

□木带水，出世代文章之士，声名出群贵之上。

发挥曰：芍药枝，亦不必对股，但要来去相停匀，亦是贵龙。木枝带水，正是包蕊含秀之水，所以秀而且有名誉，焉得不贵耶。

芍药枝一 　　　芍药枝二 　　　芍药枝三

◇芍药枝二

□木星带水，出入秀丽魁伟，而贵显声闻。

发挥曰：经云，凡此必有花心之穴，木星秀丽。故出入亦秀丽也，贵气全止在木星。若非木星，则龙气偏处，终未全美，焉得秀而且贵耶。

◇芍药枝三

□金星带水，清秀小贵。

发挥曰：金水自相得，但不合两手偏，故虽清气。而只于小贵也。

杞梓枝

◇杞梓枝一

□出贵升朝，入为卿相，出

为监司郡守。

　　发挥曰：此龙自是斜侧，亦是正心出。盖当于一字中心看之，本是一字文星穿变成此龙，故文章科第，声誉四驰。不可以斜侧观之。大抵杞梓嫩枝，每一开节必进势微曲，而后条枝出焉，故以此象此龙，杞梓材木之可贵者，其所取名义，皆有深意，不可不察。芍药，则取其前去缠抱中间，必作花心之穴，故以名。凡此等名义，可以意晓也。

◇杞梓枝二

　　□秀而且贵，公位有偏。

　　发挥曰：此言公位有偏者。以一边两枝，一边只一枝也。若折数尚多，更并出一枝，则不偏矣。然此龙活如生蛇，走如游龙，清秀奇特，声名振动，科第巍峨，名位穹显，万一偶遇股数不匀，何可轻弃。故高人达士，不执泥公位，各信子孙缘结，造化区处，修德以俟之。若阴德感格，天理且不能违，而况于地理乎。世俗每每论此，以至不葬其亲，竟堕不孝，得罪名，教者多矣。皆不学暗昧，偏见邪说，以陷此失，迷不能觉，哀哉。

杞梓枝一 　　　　　　　　杞梓枝二

梧桐枝

◇梧桐枝一

□出公侯大贵。

发挥曰：梧桐枝。为第一贵龙，然犹看传变者。正应相克陷耳，亦有开障假穿心，则不过一二节耳，前后必有丑拙败露，终瞒人不过也。

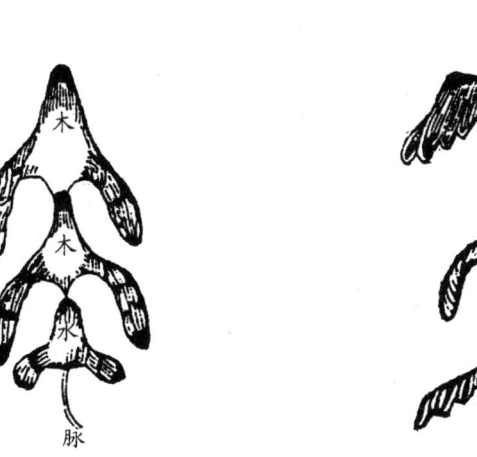

梧桐枝一

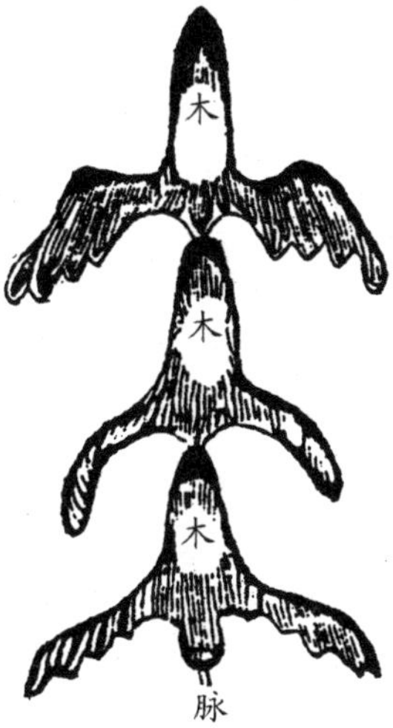

梧桐枝二

◇梧桐枝二

□木星发达，大贵之地。

发挥曰：大开障穿心。如人有肩，如弓有鞘。阔者，或十数里，或五六里。狭者，一二里，或一望之远。大龙布置百里二百里者，又不在此例。凡此，方为正穿心，三五丈间，不足为之正穿心。不过但为中心正出之龙耳，三五十丈者，只为小穿心，或蜈蚣节而已。然又有一种，祖宗不好，胎息偏伤，中间或有开障穿心，或一二节气旺者，或见三五节。及至穿出处，或分枝柯散乱，或为乱绝空亡，终不融结，此为假龙，作假穿心也。所谓正穿心，亦不必多见。十数节间，见三五节，或只一二节，但要其地穿出皆正，传变不杂，气脉不散漫，而穿心之间，或之玄飞走，或抛梭袅鞭，或蜂腰马领，或鸾凤飞翔，或蛇回蝉蜕，或登梯降阶，不一而足。只须龙正脉真，不必全拘泥穿心，此皆吉地。又有一种，穿心稍头，又起圆峰，高峻丰厚者，自带仓库随行也，主大富盛。又有一种，开障之后，丝线穿出，特立秀峰者，障内贵人也，主大尊贵。又有一种，穿障之后，两腋特起圆峰，不与本身联属，挟居两傍，高耸端圆者，此暗库星也，主其家富盛。然此等龙，极为希罕，小穿心及蜈蚣节，已为难遇，况开障穿心乎，至于贵人仓库，尤为少见矣。正假二样，有图于后。

经云，若还执一去寻龙，行遍江湖无一地。正为大穿心梧桐枝设也，然发挥独详于此，特明正大穿心，使人要知与小穿心不同耳。非谓必欲合此龙法，始为佳地，况又有假穿心，亦是开障结哨，岂不惑人误世。然愚者惑之，智者不之，暗者误之，识者不误。为何能不惑不误，盖从祖宗起来，已为偏斜丑陋，此可见一也，穿出之后，又复缓漫散乱，此可见一也。入穴之际，无神无气，壅肿高雄，轻重不等，收拾不匀，堂局破碎，朝应无情，此可见三也。三者无取，

虽有穿心，盖游龙长远，中间偶有一二节脉壮盛，只作巧妙穿心，不作端的好穴也。

◇穿心龙

诗曰：

三锁明堂去没踪，

圣水条条入圣宫。

此山便是萧何祖，

先贤寻得下真踪。

又诗：

巽山重叠有高低，

水秀山奇对下机。

踏云梯上呈武艺，

萧何祖坟葬斯溪。

□杨筠松曰：萧何祖，是短山下从袍笏山起龙，自楼台排衙而下，入旗山，过水过气，马山起龙，入天梯落穴，瑞云笼月，姮娥作穴，三关三琐。明堂前有拜龙，金箱玉印，金童玉女，无不备具。九星五星皆全。水中之物皆石，此地最妙，世难逢之。

发挥曰：以上一图。系穿心正出龙格，下图亦然。如此方为正穿心也，有肩有哨，两手停当，此所以为第一贵气之龙，然亦不必泥重重节节穿心，但要

初起星作祖宗处，是从中脉正出，则子孙传变，自然多是穿心，祖宗父母偏斜，则子孙亦必偏斜也，故祖宗生父母，父母生子孙，总皆相似，必然之势，自然之理也。

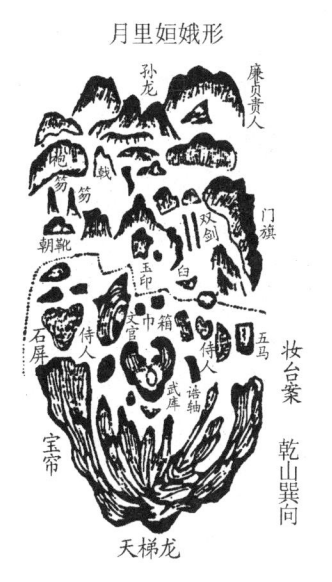

萧国相何祖地名灵溪

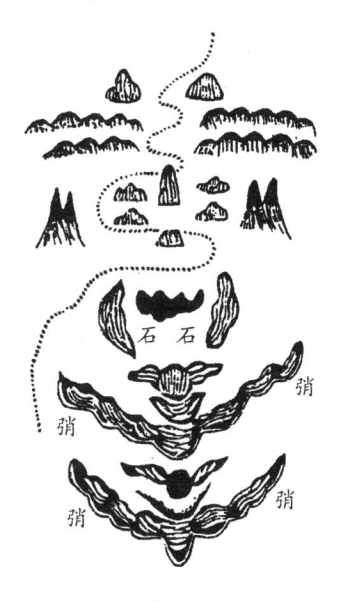

甘龙祖坟图穿心龙

黑王相公德用祖

名妓尹琼姬尹少姬祖

□此尹氏祖。出名妓尹琼姬尹少姬二人。

发挥曰：以上二图，皆穿心龙也。一为北宋名将王德用祖，河北赵县人，此人有谋略，治军有方，其名闻四夷。王德用貌雄刚毅，面黑心正，世人皆呼他为"黑王相公"。卒后赠太尉、中书令，谥武恭。另一此地出二女子，皆娼妓，名动公卿，自重门户，非千金不得见。家资巨万，各有宾客，皆为名士，唱和诗词，间有可采，然不过妓耳。此后竟绝，穿心之误人也如此。盖非穿心之误人，人自惑穿心耳。故一并列出，以辨世俗之惑。

杨柳枝

◇杨柳枝一

□一位富足多子，一位贫寒病疾绝嗣。

发挥曰：公位虽不必苦泥，然如此等龙，涉及到子孙利害重者，惟有扦时审择之。

◇杨柳枝二

□此合柳星龙，亦能出贵。公位偏，少房无子有疾。

发挥曰：合禽宿者，亦有好处，但偏枯耳。

◇杨柳枝三

□出贵，长位养子，皆富贵。

杨柳枝一 　　　杨柳枝二 　　　杨柳枝三

发挥曰：此龙长位虽偏。然有外来一枝，故只主养子。而皆富贵。与前二图孤寒绝嗣者不同也。

卷帘殿试格

□不问偏斜，黄甲及第。

发挥曰：重重横山相次。但正脉专在一头，而横处乃有脱脉之峰，即为卷帘殿试。盖横者，御陛也，空洞者，掀帘也。

独峰者，就试也，此龙若以脉非中出，而指为偏斜，则非矣。故不知龙名，而泛然轻易谈论，其不失之者鲜矣，若知龙名，则此乃贵龙也。其可以偏斜少之耶，有图附见于后。

天蟹星垣局。此图翻覆取穴，皆吉。水左右来去，一同天威金蛾北辰。出三百人绯紫，天宝金龟北辰。代代监司奉使，官至卿相，权握兵符。

卷帘殿试格 　　**卷帘殿试龙局全法**

诗曰：
　　北辰一星人难识，
　　真个千金万金直。
　　若在前后左右生，

下后儿孙家故国。

发挥曰：掀帘之说为然。北辰之说非是，只观堂局耳。

玉陛九级

◇玉陛九级一

□玉殿奏事，台谏过府。

发挥曰：凡如玉梭玉陛，皆偏斜中奇特者也，故皆为贵。然既偏斜，必须前后及中间，有大穿心脉线证过，方是真贵气也。

◇玉陛九级二

□相接直出，皆为级。而此圆起峰正出，一顺九级。上殿赞拜不名，为国重臣之地。

偏斜横出

玉陛九级一

玉陛九级二

发挥曰：二图皆玉陛级也。而轻重不同，盖第一图乃是贵中偏斜，第二图虽由角而联级，然乃是一顺正脉，故贵气重于第一图。大抵奇怪名龙，亦要于偏斜中得正顺之格，方为上品。若正脉中有斜偏，力量使减矣。第一图乃贵人偏斜，第二图乃偏中正顺。辨龙者，当于此乎审之，即知轻重之次，然第一图非不可用。凡贵中偏斜，但要合贵龙之名，都可取用。不可弃也，只是要详察轻重耳。

御街阶

□此龙出为都城大藩镇，为出将入相之地。

发挥曰：此龙如带。而上起一路如街砌，然脚单独，必须两傍遮护停匀。如无遮护，乃香火钟鼓之龙也。用之于家，则主孤寡无子，及有名望巫师而已，贵气虽是本身自带，成就贵气，却在缠托也。

黄金锁子甲

发挥曰：此龙为金星之奇。交互夹持，贵可知矣。然无脉带速属者，不谓之金锁甲，只谓之带柜库暗库。若有其它贵气龙脉，则主富贵双全。他无贵气，则只为巨富之龙也。若锁甲则不然，脉线分明，交互停当，不偏不斜，其脉带水流不断，此真谓金锁甲也。形如贵人所带金甲，故能出将入相，其力量犹过于正穿心矣。

九天飞帛

□出大贵，掌丝纶。为内相，须两旁有护托。否则只主面圣天师。

发挥曰：大凡贵龙，全在护托。况飞帛是平冈，而过脉多焦细，若无缠护，贵气不成也。

御街阶　　　　黄金锁子甲　　　　九天飞帛

蜈蚣节

□两傍有护，极清极贵。

发挥曰：今人所谓穿心者，乃蜈蚣节也。正穿心，铺舒开障，自是横阔。或展托手脚，自为缠护，龙气既正，天造地设。亦有无缠护者，况蜈蚣节脚短，

玉髓真经

必借外护，而后可以极其清贵。否则，清贵不能至极。今附图于后，土中生金，禀气浑厚，而又手脚停匀，所以清贵。若非土生金，亦须带水。若金自生自旺，是无根本，不足惜也。无土而带水，尤为清秀，但不宜纯金，则谓之无化气，无根本耳。

◇蜈蚣节龙

　□此地华盖，楼台、席帽，三台，过云车，落钗穴，案有牙梳，天梯，美女，五星九星，四神八将俱全，富贵极品。

　发挥曰：此系蜈蚣节龙，虽是横入，脚手停匀，亦贵也。

◇章相公蜈蚣节龙

　诗曰：

　上天龙形踏天梯，

　左右逐水带龙儿。

　前名及第登金殿，

　脚踏京都宰相堤。

蜈蚣节 　　　蜈蚣节龙 　　　章相公蜈蚣节龙

　发挥曰：二图皆蜈蚣节龙。后章氏坟，力量差重。金星出土星，土星变木星，土星金星水脚复生金。节节传入穴，贵气尤重也。五星造化最看生旺，及逆顺取用如何。虽不必苦泥，然近穴处须点检，若乱争驰，刑杀互出，纵贵亦凶也。

金蛇过水形与金蛇脱蜕

□出神童登科，清贵之地。

发挥曰：二图相似，而力量轻重不同。金蛇过水，以金星起峰，而出石蛇。又有沮洳之地，为之裀褥，贵气不孤矣，故清为神童，贵为公相。金蛇脱蜕，乃自平冈而出蛇，无裀褥，故清亦为神童。贵则不及矣。大凡经中龙气带贵端的，不假借他节传变而成者，必直为何品之贵。若贵否，又在他节兼取，故只言贵，而不定为何品贵也，此其凡例。

金蛇过水形

金蛇脱蜕

◇金蛇过水形龙与金蛇脱蜕龙

发挥曰：此图与后一图。本有轻重，金蛇过水者，乃自致名位之地。金蛇脱蜕者，乃因贵妃而贵也。然此脱蜕之格，左右护从，又非孤单平冈之比。前砂内外阳，有御屏，御座，贵人，妆台，侍人，宦者，车辇毕备，故先出贵妃，而后举家蒙福，封侯食禄，亦为人贵之地。然力量轻重，已于祖宗上见之矣。王氏祖，乃火星发禄星。而张氏，乃武星金曜也。观此二图，可见造化毫厘之分，轻重之别矣。

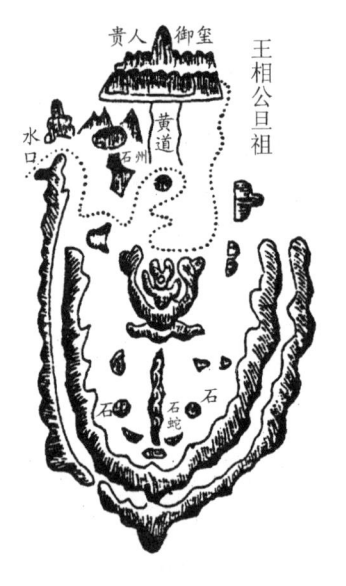

玉髓真经

金蛇过水形龙 　　　　金蛇脱蜕龙

玉梭抛送 　　玉梭龙 　　玉梭龙

玉梭抛送

□先为玉梭，抛出穿心。此龙亦贵，仍出巧女随夫贵。

发挥曰：玉梭之龙。以其皆从角出，人多看贱之。殊不知一顺皆顺。然则又有不论偏斜者，且吉龙必如玉梭，皆有穿心梧桐枝。此龙亦贵者。固未可以玉梭定名品，但遇此龙，亦有贵气，不可弃置。今有图于后，或云。此龙本随贵龙以贵。犹女子不能自贵，随夫以贵。以意义取之，得龙之情也。亦或有此理，或又云。梭乃女工之事，故取类而言，二说皆通。合而观之，可以意会，要知阴阳造化之理，张子微胸中，必有妙于是者，学者可管见窥测也。

◇ **玉梭龙**

发挥曰：以上皆玉梭龙，前后皆正脉。而玉梭在中，所以为贵也。

金鸾鸣玉珂

□清名冠朝，人臣之首。

发挥曰：凡如此贵龙，皆可定其名品。盖脉由中出，既有定形，亦有定位，故也。

天冕□旒

□封王世爵，大贵不可言。

发挥曰：天子璪，十有二旒，诸公九，其次六，三为杀。此图不应有十二，当自六七五三布过，则不止于封侯爵矣。其显然可见，遇十二者。亦不当取用，合避嫌疑。

金鸾鸣玉珂 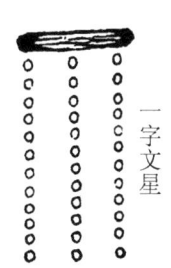　　**天冕璪旒**（一字文星）　　**玉琴徽**

玉琴徽

□只出清高，文名冠世。布衣上殿，不受官爵。又为面圣道士，赐号归山，精修成炼。

发挥曰：芦不成鞭，珠缀而偏，故清而不贵也。

芦花衮

◇芦花衮一

　　□如芦花之落，点點飞花。衮衮垂下，主清贵。

◇芦花衮二

　　□芦花带鞭，骑马入朝。

发挥曰：第一图，正蒹葭叶。马领蜂腰，木星之贵者也。第二图，芦花带鞭，起峰正出，其贵尤重。若有芦鞭带花，而有散花点者，正出名妓。主淫欲耳，小者为花，大者非是。不可以概论。

芦花衮一

芦花衮二

芦花鞭

◇芦花鞭一

　　□官主卿相，更看四畔星辰朝应如何。

◇芦花鞭二

　　□天柱铁鞭格，出殿前太尉，功名垂竹帛之地。

◇芦花鞭三

　　□特科恩授，有星辰左右之，则改京官以上。

发挥曰：第一图是特起木星下起鞭。必是祖宗有好星辰，及左右应星，皆合贵格，故为公相之地。第二图本是一字文星格，不合直出，故只名天柱铁鞭。不足为文而为武，此龙亦是木星所变，故武之极职。图为贵格也，若横出文星，更有相应吉星，则公卿之位。趋朝之格矣，第三图只为特奏名者，以不起星峰故耳，犹能致京官者，芦鞭本是贵格，所以不满者。只欠星辰应带，若有星辰，便是出贵之地，今附图于后。

发挥曰：三图。一为芦花衮，二为芦花鞭，其三，余尝至其地。杨太卿，新喻人也。地在土名潭鱼前，出十余人登第。而太卿一人开府，三司，太卿五子。同时典郡，乃兑山丙向，巽水来朝，归未申方流。大抵此等龙多贵，要星辰相应，惟杨卿氏祖。则龙出平田，右多石堆阜，左有田中陇坎为护，又以水界送。有不容以常法论也，陈状元祖之龙。又兼钻甲之格，其龙最为奇特。留丞相祖则芦花袠正格，宜子孙仕宦不绝，观此可辨龙气之轻重也。

芦花鞭一 　　芦花鞭二 　　芦花鞭三

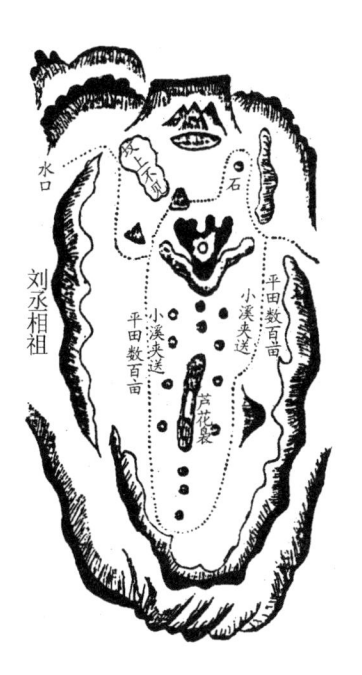

芦花袠龙

玉髓真经

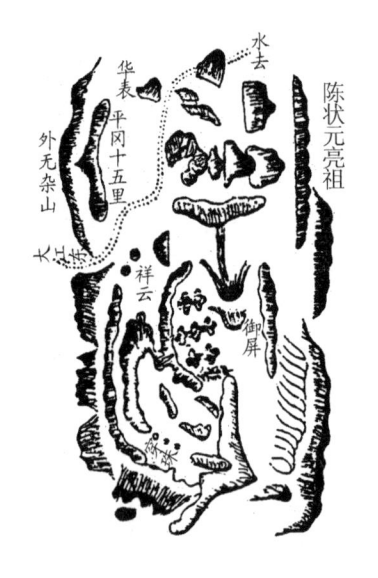

芦花鞭龙

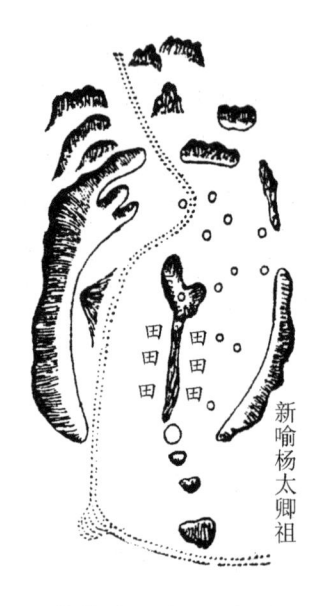

芦鞭龙灵龟逐地形

玉丝鞭

□正拜为相，子孙仕宦不绝。

玉丝鞭

玉琴弦

□紫衣道士，上殿面圣。

发挥曰：鞭小而长，琴短而大。二格相类，一为贵宦，一为空门。此分毫之别也，弦与丝，从上头出者同。

玉琴弦

玉丝鞭龙 　　　　　　玉琴弦龙

筇竹杖

□师巫游荡

发挥曰：虽是有峰峦。平行如蚕蛹节，但屈折如筇竹枝头，无枝柯脚手是也。

筇竹杖

金斗玉印

□此为大富大贵之龙。

发挥曰：斗与印，皆贵气也，故龙带之，则为大富大贵之气。

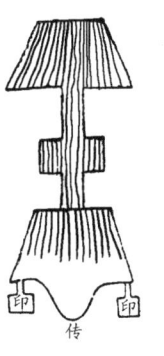

金斗玉印

金船出峡

☐大贵之地

发挥曰：金星落低平而为船形，两傍起山峡护卫，此所以为贵也。

金带水而秀生，船有峡而脉正，故为大贵之地。

金船出峡

楼船出峡一

楼船出峡

◇楼船出峡一

　　☐出为三公蒙宰之地。

◇楼船出峡二

　　☐石笋嵯峨，木星之贵。

◇楼船出峡三

　　☐三图。此为极品贵，此格出为陵寝帝王万世之地，不可轻用，外山拥来，如万乘之状，三图总说。

发挥曰：第三图不可轻用，所以

楼船出峡二

楼船出峡三

极贵者，耸然秀峰，皆是重重特立，而峡又重复拥行，故为贵不可及。第二者次之，石笋森罗，耸立奇秀，故贵气亦重。第一者又次之，木星既秀，但上山单护，不如石耳，然皆为三公宰执之地。特论轻重。如此分别也。

合门传旨

□此龙出中书内相。

发挥曰：合门者，山门如合。正面出窗如门木，为中贵人也。

内官宣麻

□此龙前去出宰相。

发挥曰：木星之秀。为文星，故为贵也。

金鸡衔诏

□此龙出神童。异科，文章奇士。黑头相公。

发挥曰：此格虽为极贵，然火下欠一土星，以火生木，恐有灾焉。所喜一字文星之外，即传变木，木即生旺，终大贵也。

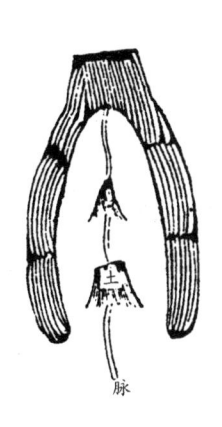

合门传旨 　　内官宣麻 　　金鸡衔诏

金钟玉釜

□状元及第，极贵人臣。

发挥曰：所谓钟釜。皆须回环脱脉，不相连属。釜如覆釜，钟如覆钟，方为真合此格，不可只取一面相似也。如前砂及水口应星，却只应穴中所见一面

玉髓真经

之形，不必拘回环。至于龙之取名，则须真形，方是贵格。不然，乃蜈蚣节及库星。为何为钟釜也，状元登第，极贵人臣，岂蜈蚣节所能孕育此等贵气哉，不可不辨。

宝剑出匣

☐主将帅兵权。

金钟玉釜　　　宝剑出匣　　　流星

流　星

☐顺则吉，逆则凶。

发挥曰：流星本非凶。顺者，星向前，尾向后。逆者，星在后，尾在前也。穴前朝应取用亦然，恶其尖射为杀矣。横而见尾在外者吉，横而见尾在内者凶。言向前者，横龙上向前也。横星，指穴前者言之也。

蚩尤

☐不问顺逆皆凶。

发挥曰：单尾一线者，为流星。带焰三数者，为蚩尤，主兵乱杀伤之害，祸大，则谋逆不道，诛灭宗祀。祸小，则攘夺权掠，亦主弑逆亡躯之事。若他节不凶，亦主兵刃下死，大不吉也。

白芒

□直为蚩尤，横为白芒，皆凶。

发挥曰：凡此等山，皆主凶祸。

蚩尤　　　白芒　　　贯天虹

贯天虹

□大吉大凶，纯土则多吉。赤石则多凶，长大十余丈。

发挥曰：贯天虹，以赤石赤土而取名，石不生草木，故凶。然亦不全凶，看上下节如何，土则草木滋植，故多吉。亦看上下节如何，然后品配，吉凶定矣。

上天梯

□出大贵三公九卿。

发挥曰：术家所指上天梯各不同，有取前砂朝应者。但以高山有梯级者名之。此乃龙之行度，则又与彼所取不同也。然亦是一山最高，以次低杀如梯级之有高下，但不只在一峰耳。多者十数峰，少者六七峰。更加两山夹护，所以为大贵之地。若缠护不过，亦有病态，有图附见于后。

上天梯

玉髓真经

汉末宰相刘海蟾祖坟

□天梯龙出神仙飞升

发挥曰：古说云，华盖行龙，四神八将，五星九星俱全。古说，盖包含诸家杂论。如北辰，乃众星之尊，为天下之中极。而术家乃以为护卫水口之星，子微图尝辨之矣。其说最逆，刘海蟾之祖，正上天梯龙格。亦有华盖在焉，飞鹤印剑云车飞诏，即神仙之局也。

推车进宝

□升朝典大藩之地。

发挥曰：此龙与穿珠龙相似，推车进宝。珠大而带尾，前圆而后杀。尖尾相属，所以与穿珠龙异者此耳。此经载冕旒缨络，而不载穿珠。亦各以类推而已，不一一枚举也。穿珠龙，图于后。

推车进宝

穿珠龙

◇穿珠龙一

诗曰：

穿珠龙讲发行形，
此是烟花粉黛名。
金马玉堂闲出去，
更掌边庭百万兵。

◇穿珠龙二
◇穿珠峡龙

诗曰：

穿心峡里出行龙，
排衙列位唱名峰。
更有镜湖当面立，
少年登第甲科中。

发挥曰：以下三图。系穿珠

龙，皆贵格也。项羽祖，以前砂无大朝应。惟有旗山，可以掀揭兵势，终于无法成就霸业。

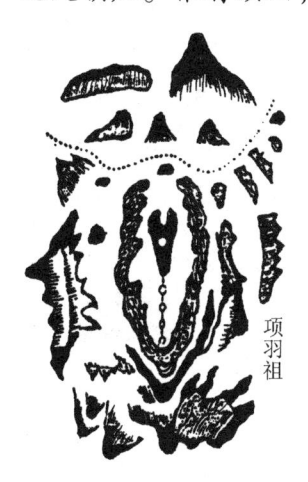

穿珠龙一 　　　穿珠龙二 　　　穿珠峡龙

玉几临轩

□三公九卿之地。

发挥曰：木星，贵人也。横木，玉几也。又传木星耸立，故曰玉几临轩。

玉几临轩 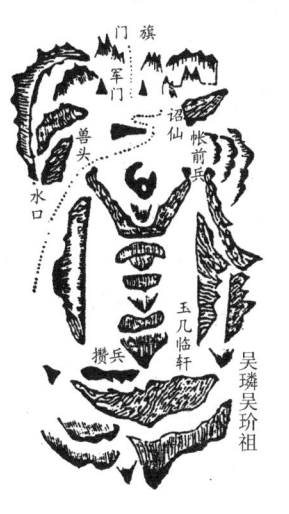　　　玉几临轩龙 　　　玉几临轩龙

象简玉圭

发挥曰：凡方正者，皆土之所变，此二星皆土星也。圭简，亦土星之所化也。以圭简论之，故皆为贵气之所钟。贵气由土而出，福厚可知。

象简玉圭

珺璧圭三体

□珺圆而面平，四环有墙壁廉隅。璧圆，而上别有一晕如坛坪坪。圭有四觚角，乃四邸也。

发挥曰：珺者，天子执以朝诸侯之器也。璧者，祭祀朝聘用之。圭有四邸，祭天用之，故皆主贵。

珺璧圭三体

牙璋二格

发挥曰：牙璋，古者发兵之信物也。上格全，故出将军。下格已剖之符，故虽掌兵而有败，以其体之不全故也。

出将军　掌兵有败

牙璋二格

天　池

□土金木三格，各有取用。惟火二格，为水火既济，主贵。第二格火体，生石笋，亦为水火既济，最为奇特，主大贵。水形地，凡圭角圆者，皆属水星，主带秀气。

发挥曰：天池皆指养龙之池言之也。然今人坟前及宅前之池，亦须看本身金木水火土所取用，宜得何星。不可只说凿池而已也，龙行度左右所带，取用亦然。惟忌干湿池耳，大龙过断去处，必有左右之池，相去甚远而停匀。小龙断凹左右亦有之，有此则龙气必贵而绵远。若更合五星生克得所，大贵无疑。假设有蛟龙孕育之处，则秀气在蛟龙，而无足取矣。天池在山顶者是真天池。

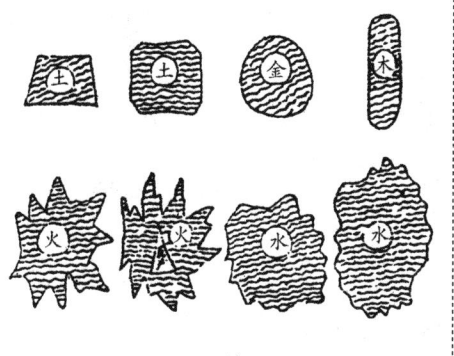

天池

弓带

□以上三形，皆主公卿侯伯，弓亦主出将相。

御赐彤弓

紫金带

红玉带

弓带

鱼袋

□以上三形，皆带之有鱼袋者，皆主出大贵。

发挥曰：龙及朝应有此。皆主将相侯伯，方面藩镇之位，最有权贵。

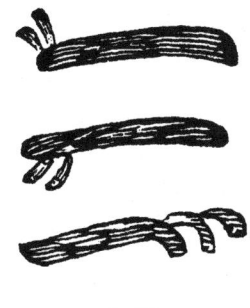

鱼袋

鸳鸯带

□主功名福寿。

紫霞帔

□主出诰命妇，国封封君，入宫面圣，又主妇人生孕贵子，因子受国封。

发挥曰：带与帔，皆脉落平地，龙隐不见，前去却于空地。忽出石脉。或小堆阜护过，然后别起星峰。而前谓带与帔，皆夹护左右者也，故此等行度。无不贵者，以龙隐见穿变奇特故耳。

玉髓真经

鸳鸯带　　　　紫霞帔　　　　石牡石带

石牡石带

□出妇人带病。

步障

□步障山，高而上平。四向环绕，紫石为锦。步障有林木，为青步障，皆大富贵。

发挥曰：昔石崇，王恺，以富相胜，各为步障三十四里，故主大富贵。

子龙出胎

□此格亦是贵气胎息。

锦鲤化龙

□主清秀贵气。

步障　　子龙出胎　　锦鲤化龙　　游鱼上滩

游鱼上滩

发挥曰：子龙出胎。锦鲤化龙，游鱼上滩，体类情状，皆由水星穿变，故秀而贵。

天驷出厩

□天驷出厩，皆大星之石，主大贵。厩马成群，出土山，落平地，为成群之马，故曰出厩。

天马驰阪

□主大贵，发达速。

发挥曰：天驷出厩者，土星如厩马，出平地是也。天马驰阪者，马在山坡之上，驰骤而下是也。前图主大贵而鹿马成群者，不必自为牧养，若位在至秉麾方面，即有马院矣。后图主大贵。而达速者，马从峻坂而下。其势疾速，人力所不能制而止之。所以显达亦速，二格皆土星出旺气而为马，力量轩昂。故贵气亦重也。

出山虎

□二格皆贵，出节使。

发挥曰：见有雄武典兵之象，故出方面节使。多收武功。

天驷出厩

天马驰阪
四马在高山崖下，故曰驰阪。

出山虎

玉髓真经

金牛眠草

□小贵大富

发挥曰：牛乃土星之所化，故富重而贵轻。

飞凤昂霄

□主出高爵封侯。

鸾凤啄粟

□反翅逆护过脉，主大贵。

发挥曰：飞原凤昂霄，全是火星，为第一贵。鸾凤啄粟，金星带火，为第二贵。三鹤，一土带火，二金带火，三木带火，为第三贵。鹤者，清高之鸟，故贵而清高。金体火星者，又看所传如何。他星杂火，惟土无害。金水木三星，贵气中亦有病，宜参酌之。

金牛眠草　　　飞凤昂霄　　　鸾凤啄粟

仙鹤垂啄

◇仙鹤垂啄一

□反翅自迎，清高尊贵。

◇仙鹤垂啄二

□主清高尊贵。

◇仙鹤垂啄三

□主清高尊贵。

◇仙鹤垂啄四

□富而小贵。

发挥曰：土重而火曜轻，曜气不秀。故只主富，而贵则无力量也。

仙鶴垂啄一 　　仙鶴垂啄二 　　仙鶴垂啄三 　　仙鶴垂啄四

金鵝趁浴

◇金鵝趁浴一

□上图贵，下图富。

发挥曰：前图是土星带火，故贵。后图是纯土，故只富格。

◇金鵝趁浴二

金鵝趁浴一 　　金鵝趁浴二 　　金鵝浴水

金鵝浴水

□秀贵而不显。

发挥曰：土气重，而火曜轻，故不大贵。

金鷄浴塵

◇金鷄浴塵一

□主贵格。

发挥曰：全是火曜尖秀，故

玉髓真经

曰贵格。

◇金鸡浴尘二

金鸡浴尘一

金鸡浴尘二

发挥曰：火曜作弄，而生玄微，清贵可知矣。

◇飞燕带游丝二

飞燕带游丝

◇飞燕带游丝一

□清秀绝纶，极品尊贵。

飞燕带游丝一

飞燕带游丝二

卧蚕吐丝三格

□第一土星，主富。多获丝绵，宜蚕桑。因此发财起家，二木，三金，皆秀而贵。

发挥曰：土星多浊，而厚富，经不言贵者，独指此一节而言也。若以前后传变参之，皆有贵气。则吐蚕亦贵矣，金木二蚕，皆主清贵华要地位。内相中书，秉麾持节之贵。蚕本巧虫，而丝是龙中玄脉。故自带贵气，更前后兼生克相应。星辰奇特，将不只乎内相外藩也。

◇卧蚕吐丝龙

卧蚕吐丝三格

卧蚕吐丝龙

黄殿院祖

天螺出壳三格

发挥曰：天螺不全是土。亦有金龙是螺形者，皆要看前后传变如何。若有好星辰，则大富贵。若前后应副不及，则小富贵而已。

玉蝉脱蜕三格

□出清高贵显。

发挥曰：玉蝉多出土星。然巧妙变化，又是土星之秀。龙之特玄者，故为清高贵显。若前后皆贵秀星辰，则富贵极昌也。

换骨龙

□贵气之龙，亦出见世神佛。

发挥曰：龙神变化升腾之际。必于沙碛换骨，今之龙骨，容有此理。言龙之傍，有琐细之石，不相连属。如枯骨横积者，此龙换也，此龙变换传去，必作贵地，然换骨则有神仙飞腾之象，故亦主生见世神佛也。

天螺出壳三格 　　玉蝉脱蜕三格 　　换骨龙

枯骨龙

◇枯骨龙一

全石无土，如骨生强，是童涸无气之龙，绝嗣贫乏应之。

◇枯骨龙二

枯骨作穴，鸦鼠群集，出人殍死，鸦啄鼠啮，骸骨不保之象。

◇枯骨龙三

□此格可吉可凶，有土为蜂腰鹤膝。则为吉龙，无土为枯骨。则为凶龙，若前星辰皆好，而中间独有此脉全石。亦吉。

发挥曰：枯骨之龙，石粗黑，或粉白色，坚不可凿。强硬无活气象，春夏则石上出泉汗，葬之，则穴皆蛮石，不利而徙之，则棺椁皆水，久而不徙，则绝嗣不育，贫乏困顿，殍死道路。鸦鼠戕食，最为不吉。后一图可吉可凶者，全在看穿落传变处如何。若前后标落断陟，皆好星辰。而中有出此等者，不害其为吉龙也。

枯骨龙一 　　　　枯骨龙二 　　　　枯骨龙三

沙堤龙

□大吉正拜。

流沙龙

□不吉。

发挥曰：沙堤流沙，皆沙，而吉凶不同。盖沙堤，乃是土山，或是小穿心，或蜈蚣节，或蒹葭叶，芍药枝等龙。但于山脊之中，积成一路之沙，如筑沙堤，此乃过府正拜之龙。流沙者，山体皆泛浮海沙。踏之不胜步，种之不生物，单木绝根，望之黄白纷纷，此无气之龙，地脉不行，筋血不绩。如歇灭之类，百事不利，不可用也。

踏碓龙

□此贱龙也，头高尾低，直脚无护。

发挥曰：踏碓龙，其身多是金木，本带秀贵之气，但不合落而为碓，出脉庸奴。所谓碓者，又不为眠行之木，武不为剑刃之金，秀不为流行之水，福不为培植之土，尾低首昂，又如人踏碓。若左右有干窠湿臼，或有水窟，主出病冷骨瘫，及为癫痴之人，无水窟窠臼，只主佣雇卖

玉髓真经

身，有头风等疾，若更碓后峰破碎不正，则主贫贱，乞丐饥寒，殍死绝嗣，当病痞癞不干之疮。

沙堤龙 　　　　流沙龙 　　　　踏碓龙

空亡龙

◇空亡龙一

□龙无过脉，水又流断。五星难定，强名无气之木。

发挥曰：空亡者，来历不真。无所根据，断而无脉，是谓空亡，不可取用也。

◇空亡龙二

□徽州王八郎，葬后其家消落破败。一家离散，盖所葬乃空亡龙穴故也。

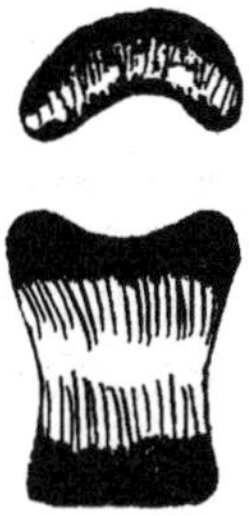

空亡龙一 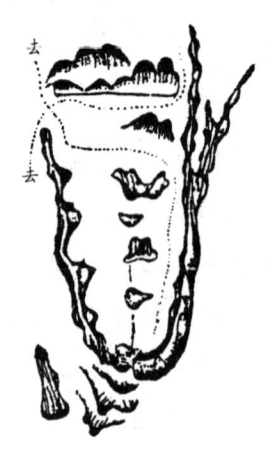　　　　空亡龙二

之玄单独龙

□出侍从过府正拜。

发挥曰：经中于单独之龙，委折叠出，以晓后人。盖有真龙出玄脉，独行单去，俗眼或以单独弃之。故张子微每致意焉，今取单独之龙。有图附见于后，观者触类而长之可也。

单龙格

诗曰：

黄龙上天形，

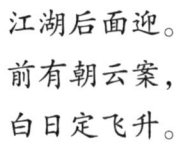

江湖后面迎。

前有朝云案，

白日定飞升。

飞荚单龙

发挥曰：以上三图。系单龙中之格，贵不可一概而论也。至于经中所载龙法，图详备。但张子微以世人未识之名标之，故亦怀疑还有未载者，今以所有之图，可为龙穴之法。经虽未有，亦附见于末云。

之玄单独龙 　　　单龙格 　　　飞荚单龙

金星龙与水星龙

捍门

汉高祖坟 姓刘氏 字季子 出二十四帝

五老峰

卧牛形堆草案 洪内翰 状元宰相

金星龙

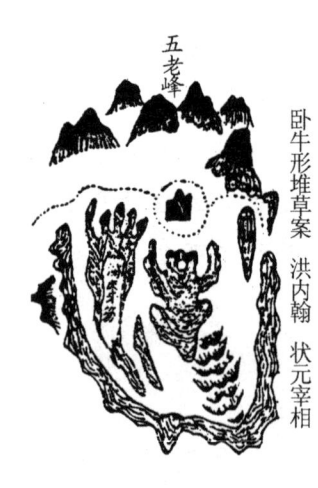

水星龙

玉尺龙

◇玉尺龙一
◇玉尺龙二

诗曰：
乱木之形为过脉，
横财左右佐其形。
前有九星并玉几，
三公九子震家声。

红线贯玉龙

诗曰：
双凤飞来选当穴，
金龙玉架作来朝。
更有楼台并谢职，
贤良高甲此山招。

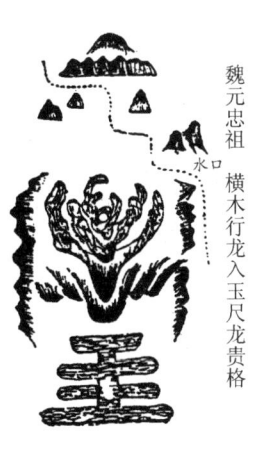

玉尺龙一　　　　　玉尺龙二　　　　　红线贯玉龙

宝盖龙与贯珠龙

◇宝盖龙一
◇宝盖龙二

诗曰：

踏节城门水后宫，
朱门富贵出神童。

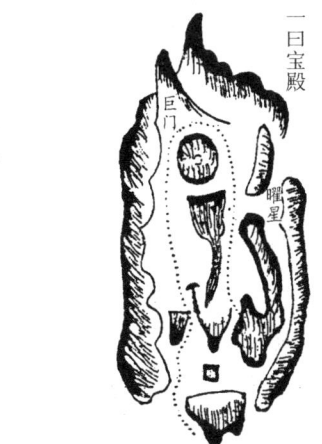

堆金积玉浑闲事，
议事铿锵违圣聪。

秀水山行龙，从贵人山下。过金钟，降势作穴。是土星行龙，传入水星。

◇贯珠龙

宝盖龙一　　　　　宝盖龙二　　　　　贯珠龙

玉髓真经

宝盖出水脚生金龙

诗曰：

地势金盘献宝形，
四神八将尽来迎。
贯朽粟陈须敌国，
拖金衣紫辅王庭。

游鱼戏水龙

诗曰：

三台行龙落平冈，
海螺聚水众鱼行。
更有拜龙相照应，
朱幡皂盖镇边城。

水星涌壁龙

诗曰：

鱼龙戏浪两相朝，
富贵功名两穴招。
水口三峰如卓削，
飞龙珠案贵人朝。

宝盖出水脚生金龙（金盘献宝形 胡人案）

游鱼戏水龙（一名柳穿鱼格）

水星涌壁龙（一名鱼龙戏浪形 水口）

水星龙

◇水星龙一

诗曰：

飞龙衔印世难逢，
来山拥护结钱龙。
更有缠龙朝水绕，
福垂后裔永无穷。

◇水星龙二

诗曰：

叠旗山下出行龙，
断定其家立武功。
水口昂藏万马立，
横行塞上逞英雄。

◇水星龙三

诗曰：

猛勇之形号五旗，
案有屯军实可奇。
更有眠弓随水应，
横行塞上拥旌麾。

水星龙一 　　　　　水星龙二（叠旗龙）　　　水星龙三（五旗龙 屯军案）

金星龙

◇ 金星龙一

诗曰：

形如腰带两边幡，
案有拜龙谢职山。
定有功名双及第，
公侯将相近天颜。

◇ 金星龙二

诗曰：

将军下马坐旗形，
前有拖枪及钺龙。
先武后文从此得，
朱门代代贵人崇。

金星龙一 　　　　　金星龙二（将军下马坐旗形）　　　金水星龙（狮子形 麒麟 应星）

金水星龙

诗曰：
回身狮子作真形，
更有麒麟威胆生。
文笔捍门相并见，
后昆高中应其星。

形象穴髓第四

　　□特起星辰是龙祖,祖宗传来生父母。父母生子又生孙,孙又生子续续去。莫道祖宗元本好,不肖儿孙解相误。子孙还自有偏枯,好子好孙益父母。子孙不肖出丑拙,父母奈何不堪取。若还传得子孙贤,头面端庄有真乳。亦有清奇玄怪穴,此穴要从形象取。有象有形有应星,却就本形寻穴所。

　　发挥云,特起星辰者。取其无所附。其一,不因大龙行度,顾盼护卫。其二,不是别龙随送,贵人搭带分脚。其三,要定五星形象分晓,名为特起,或因大龙身上星辰。及别龙旁立贵人,或是仓库屏障,倚靠搭附。或五星形象,似是而非。或三三五五,族排森耸。皆是特起也,三五成行列者,不在挨排之例,只取中心正出者为是。若纵不成行,横不成列,乱出林立。而又不从中一峰出,则非特起星辰也。图有祖宗星辰虽好,却于变换去后,星辰杂乱,头面破碎,或传出偏枯,不作穿心,一向斜出,此去作穴。亦且无用。譬犹人家宗祖父母俱好,乃出不肖儿孙,破家荡产,真是禀受天地乖整之气,生此等才质,非意料所可必。亦付之无可奈何耳,其余地理亦然。形穴不可专泥龙虎真乳,故云亦有清奇玄怪,必先定为何等形象。然后因形而取穴,则万不失一。假如识是狮象龙虎牛马等形,即分眠食作立,乳头上下,乃于情紧处取穴,或左右眼,或口吻耳鼻,乳腹爪脚。各随本情紧要中取之,但狮不下耳,象不下脚,龙不下胁,虎不下额,牛不下脚,马不下鬣,狗不下口,羊不下膝,兔不下气,鹿不下蹄,驼不下腹,麟不下吻,凤不下胲,猫不下鼻,蛇不下腰,龟不下头,鳖不下壳,鱼不下头,虾不下尾，蟹不下螯，其地向背堂局，取之可也。定穴之法，其一是本情紧处，其二是收拾堂局，其三是取用朝应，其四要识避就，其五是看龙气所在，然不必泥正接龙脉也，故经云，有形有象有应星，却就本形寻穴所，是矣。

□第一且论人物穴，人有面背相别处。立相卧相坐相殊，侧相正相并醉舞。又有男女穴不同，自有阴阳论尺度。

女形为阴尺，数用偶。男形为阳尺，数用奇。

□致命穴中不可下，男忌下阴女忌乳。

女子乳男子阴，皆为致命之所。

□女宜下阴及右胁，胁下自然有靥处。

左胁下是女子系胎之处，不可下。

□男宜左胁近腰股，右穴虚空莫去做。

左内肾是男肾之处，故男形要下左肾。

右则穴坐虚无脉，与女形不同。

□丹田气海及脐脘。

脐下寸半为气海，二寸为丹田，脐上则有三脘。上脘近黾屩下，中脘居脐心之中，下脘脐上。中脘下脘之中，跻亦是穴，随左右及应山，宜仔细斟酌之。

□此穴高下妙何取，要看龙虎低与昂。仍向前山高下取，或欲回避凹穴风。或欲不见恶山住，或欲遍藏恶水朝，或怕恶曜在前去。

去者怕为凶杀，下去者不怕也。

□此穴当来脐下论，莫向脐上高处取。若是龙高虎更高，更有外阳要高巅。山水不要免回避，心下以穴论尺数。

无所回避则于心穴以下求之。

□心穴不可下正中，屩下是穴君莫误。男宁归左女归右，此是心穴贞法度。

心不可正下，恐伤其心。凿心则主出人患气疾，故于屩下取之。男形之地宁近左，女形之地宁近右也。

□侧手寸口仰手心。

侧手之形下寸口穴，仰掌之形下掌心穴。

□手指下节血脉聚。

手指是血脉聚之处。

□手丫切莫下虎口，大指食指大节取。

虎口亦是致命之所，故不可下。

□伸脚伏兔膝上面，莫向膝头寻穴路。

伸脚则膝高突出，山形必如短手拳，故自此以上可以伏兔安穴。伏兔在膝上宛宛中，可以意取之。

□屈脚向内取膝腕，屈脚向外取伏兔。

屈脚内则有膝腕，自然之穴。屈向外则取伏兔，

□卧形第一下肩井。

肩上宛宛中是穴所。

□第二手腕是要处。

手腕是手屈腕中。

□第三曲池最紧切，第四三里宛外取。

手三里在手腕外，曲手取之。居两腕宛宛中，

□此谓屈手贴本身，三里本非安穴处。

人形坐卧之相，闻有贴身向外之手足也。

□手到心前下拳穴，正在掌节大转柱。

若屈手在心胸之前，只得下拳亦是穴。若拳不当心，亦只得于掌骨转枢

处。是血脉聚会，可取穴。

□腹穴元与坐立同，或是窝盘穴在股。

若二足穴跏窝盘而坐，则穴当在股。

□心脘与脐及海关，皆有天然宛宛路。若是漫漫肚皮急，如覆卵壳靥不露。莫言无穴不可安，更须仔细行数步。但恐人形道不真，若是真时穴有措。

心穴上中下三脘，脐穴气海关元是也。言高漫如肚皮卵壳，无天然之穴更须看。言仔细行寻必有安穴之处，发挥云，人形。分背面坐卧侧正醉舞之异，男不下阴，女不下乳，背面无穴，则形多下坐卧，多下结踞处。及脐腹气海等穴，侧形，多下手掌曲池，及膝腕等穴，正形，多下胸脘脐眼等穴。醉舞，多下心胸怀胁等穴，既分背面，又分男女，夫山形漫然。安知其男女邪，于好乐应星，即见是男

是女。如好乐有棋琴书剑，圭璧，钓竿旗盖，鞍马帽笏等，皆男也。女看钗梳镜尺，桩台帘帽，衣物辇轿，鸾凤等，皆女也。识认男女既真，然后依法为之。回避致命禁穴，仍取堂局朝应。停当选点，必无毫厘之差，龙虎低昂，前山高下，即是高低取穴之法，而在右在左，则又全在大情紧要中测之，至于取用精微，经中言之详矣。

□兽形不与人形同，要取精神紧切中。狮子戏球多下脚，不然下口下睛瞳。

戏球用力在脚，若脚不相当。则戏球用口衔，用目力看觑。故皆是穴。

□狮王伏虎威在目，下口下目最要工。

口与目相近，若本欲下目反下口，用之则非。

□狮子吸水下口吻，尾狮子下舌锋。

以口吸水力在口吻两角，舌锋谓舌尖也。

□狮子引儿下乳穴，番王骑狮下鼻筒。

引儿则精英在乳，故引儿饮其乳也。狮行作力气全在鼻筒。

□番奴伏狮狮转脑，此穴最要下狮胸。

狮用力与人争，其头虽为人所挽转，其力全在胸也。

□狮子带铃下铃穴，伏狮之形下鼻冲。

铃必特起为铃，则龙气全钟在铃也，狮伏则口闭，气出于鼻，鼻冲则气之所冲也。

□睡卧气息从鼻出，要对偏傍鼻观中。

即鼻冲也。

□虎形下威威在目，此是大概有安曲。

有不可全以目为威，随时变通可求之。

□卧虎之形当下鼻，行虎箭堂却在腹。

亦是卧则气聚于鼻故也，行虎非箭不能止之，故取箭堂。

□作威之虎要下眼，捕食之虎爪距蹴。

虎之取物皆以爪攫倒取之，故在爪。

□猛虎降狮下眉额，狮虎下山穴同属。

虎行下山威亦藏在眉心间，故穴与降狮同。

□虎方出峡在左眼，猛虎避箭下腰腹。

出峡之虎必四顾防避，而出峡必先顾左而后顾右，故下左目下腰腹者亦取箭堂。

□雌虎引子仍下乳，乳若非位下眼目。

若乳不当安穴处则目亦是穴。

□雄虎笑风口是穴，口有天然凹似掬。

口穴天然如手之掬。

□渴虎奔泉气定喘，胸下气堂有凹肉。

气堂天然之穴必有凹处。

□蛟龙精神全在眼，更有双鬣在鼻观。

目是龙之精神，鬣是龙之威力，故二者可取穴。

□笑天龙形下鬣根，此穴元定鼻气管，所争分寸是鼻穴，千万凭君仔细观。

鬣根取穴起处取，不取凹穴是鼻管。

□上升龙气取山根，山根眉中鼻上断。

上升龙气在眉心山根，山根在眉中鼻之上，下有岩岳断文。

□行雨龙形当下髯，髯怒方成雨泮涣。

能以髯散雨，两髯在颔下是。

□渴龙饮水下天柱，鼻上眉下嵌岩断。

天柱即山根，即眉中之下鼻之上，有岩岳断文。

□卧龙当与下颔穴，颔有逆鳞生气岸。

颔下逆麟触之者死，卧龙触之起能杀师也。

□卧龙不怒不肯起，颔珠激起腾云汉。

子龙顾母及饮乳，口鼻二穴须细看，母龙顾子定有乳，乳不相当目下取。盘龙顷腮肩与焰，看取天然宛宛处。

顾母饮乳二等形名焰，乃肩背及手腕火焰是矣。

□戏珠下爪及口眼，吐气口吻是其所。气在高坪下气穴，数若太低是绝户。

戏珠则爪口目皆用力处，若气在高坪下气为佳。盖精神

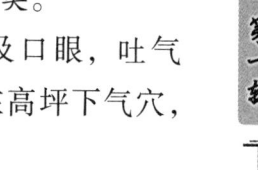

在气，若气低下则下口吻挨龙作穴是也，太低则为绝穴。

囗众龙争珠珠上作，珠有过线如珠缕。若还舍珠去下龙，众龙一样如何取。众龙若小一龙大，大龙为主众为辅。若还众大我独小，合以小龙为众主。若还众龙只一样，定看下珠方有据。

枕定脉下穴为定向，若龙无大小之别，定珠则可下龙。

囗麒麟一角下角根，尖峰之傍平处痕。此物名为王者瑞，额上角根穴最尊。

麟两角共一本，如一角根本也，山上平顶别出尖峰，乃是角根也。

囗犀牛望月下牛眼，眼若太高下牛鼻。

占四相以为高下。

囗须向月上寻正穴，月不生处恐非是。

前上要有月形，仍以酉向为上，盖月生于西故也。

囗犀牛出水下鼻孔，犀牛入水角根底，角根须认旋毛中，此是立宅真地位。

出水则气皆在于鼻，入水则气聚于顶也。

囗牛形不一穴难扦，牛出田来是耕佃。

此言平田之牛。

囗牛耕精力全在项，领峰独高隐隐现。

牛项之上有峰高堆，当于高堆旁取穴。

囗转车之牛穴不同，却看车从何处转。

转车之牛要取项上轭边之穴。

囗牛身若在下水头，只就车轮为穴面。

牛在下水则以牛为护山。

囗车轮转处在轮角，不然轮心是关键。

车轮下角下心皆是穴，相地形与朝对如何。若牛在下水别有托山，则又当于牛山认穴，盖车是死气，牛是生气，生胜于死。

囗出拦之牛未肯行，要得牛行在牛縻。

当下縻头及结上穴。

囗此牛昂头穴在鼻，不可苟简凿牛面。

凿牛面则伤而不行。

□斗牛之力气在脑，穴在角前额前现。

牛角额心旋毛中是。

□食草之牛气在颔，鬣鬣项绦定横见。

项下皱皮为颔，绦项为正穴，然须牛身横方可下。

□眠牛藏食亦在颔，回草颈中详细辨。

牛回草多于饱眠时方见，故曰下颔。

□必有天然宛转形，不然当中脾前旋。惟有牛腹不可下，凿杀眠牛人误见。

旋毛旋也。

□寒牛须向日寻穴，穴前要见东黄变。

黄牛出栏之类要见东日上处。

□马形多是下耳鼻，眠穴于人多不利。饮食之马多在且，嘶鸣之马在口鼻。横立之马在鞍镫，昂头要取攀鞍地。

如凹穴之类是。

□回头端在前脾间，自有勒回嘶跃势。卧马亦在鞍镫间，不可凿腹马不起。或取缨下胸前旋，或取颔边辔环位，鞍镫正

是对凹峰。此穴辨明须仔细。若还辨得菲马真，下着凹穴误人事，此穴名为怪险穴，不是神仙莫轻易。骆驼装宝方伏地，宝未重时驼未起，要从装处仔细详，峰颖傍边平处是，骆驼卸宝何处认，前脾缝后后腿脾。

前脾之缝在后，后脾之缝在前。

□番奴伏驼穴易寻，峰颖傍边钩挂地。微微隐隐有窝瘢，得在月生西向美。

驼与象皆钩挂，而后肯行见月疮痕合。

□白象卷湖下象鼻，番奴驯象象回头。或是鼻穴或下耳，番王骑象下鞍轴。隐微徵轴隆隆起，要于轴上作安排，更在轴下非美地。

鞍轴如马鞍，鞍象以轴为鞍。然此乃取象之横身者而言，若直身向前又不可知此拘泥，全在朝对上取应。

□驯象驾辂下辂心，象却翻身为扈卫。

就以象为护托，如象在前则是。

□狗眠须要下前脾，更有

项铃亦宜利。

下后脾则为狗所伤，故下前脾之前也。

□胡羊饱卧下牙腮，白羊食草口鼻猜。

羊饱乃卧，卧则回草，则下牙腮。羊以鼻嗅草，故食之，羊于口鼻详猜也。

□斗羊须从角根下，角从痒处穴可裁。

羊以角痒而好斗，故角根痒处是穴法也。

□雌羊饮子下乳穴，只从髋髀趁安排。

乳在髋髀两腿之间，更看左右源流如何。

□雄羊逐雌趁两足，穴在肾间莫疑猜。麋鹿解角在水际，只认角心旋毛里。

鹿解角则痛，故自伏于水际不敢动，穴在角心。

□奔鹿投林下鹿鼻，奔走冲喘鼻有气。玉兔采药有缺唇，玉兔避鹰须下耳。

兔避鹰急以耳蔽其目，故下耳。发挥云，兽形。则分行走上下，出入来去，卧乳饮降斗睡饱食之异。亦当先看背面，背向无穴。惟于面向取之，睡卧奔走。多下鼻息气堂等穴，盖走与卧。当于气盛处取之，上下来去出入，却看先后，大情在前，则取眼目山根鬏角鼻观等穴。人情在后，则取后腿腹下气堂峰颖秋鞍等穴，行乳多在眼目，而乳或专在乳峰，斗则在眼前角心山根与爪等穴。伏卧饱食，多在鼻观口舌，更于龙虎狮子三形，亦有大情不在本身，乃下气焰不当拘执。

□鸾凤飞翔须下翅，饮啄之形须下喙。或下翼梢亦是穴，却看山形是何意。护托向前头喙缩，翅肩斜褪不堪止。此穴定在翅梢间，或在凤冠随所至。

鹅鹤长短肥瘦分，下穴与凤同一类。鹅短鹤长，鹅肥鹤瘦。

□金鹅抱卵腹下穴，或从卵上取其位。食鹅只就背上安，投水之形翅肩是，或从头脑去安排。头上只可取眼鼻，若还下脑鹅定死。或是睡鹅肩上是，飞鹅翅膀及翅肩。或从喙上穿其鼻，鹅眼只恐玄武长。玄武不长亦是地。

发挥云：禽鸟形。则分飞翔饮啄，浴抱舞斗。理翅翘足之异，此只当先看飞立之势，趋上水下水，为之取用。翔飞舞斗，多下翅者，饮啄多下眼，啄间下翅梢者，是取堂局上水下水，盘托大情而扦之。抱形，多取腹取卵，卵当取屬，惟项下一穴，不可下也。

□蛇下七寸及气堂，莫得回头人被伤。下腰及下蛇心肺，此穴定是发瘟黄。又有金蛇抱卵形，只须下卵蛇不惊。蛇到抱时能伏气，只下气堂穴亦是。若蛇自有卵回抱，只当下卵蛇护卫。

蛇头地位不可长，下穴处要知人擒制。若使蛇得回头，必发瘟伤人，发挥云。蛇形，只有七寸气堂，余不可下。多发瘟疾，凿王字者，多损蛇。入穴上山反后下尾，舌与气不可下，至如腰腹上下来去，皆不可下。

□蜈蚣只有口钳穴，此穴下处无扦异。蜘蛛亦是口中穴，除口之外无余地。游蜂蛤蝶穴皆然，蛱蝶犹堪寻蝶翅。

发挥云，蜈蚣蜘蛛蛱蝶形，是有一穴在口中。余皆无穴可下，然此二，地必少狭，蜈蚣形必高大，尽可作用。亦不可造亭字庵舍，只宜结砌坟墓。蜘蛛微有毒，蛱蝶无毒，而形之小与蜘蛛同，故口中不宜凿，只可开穴。粗纳一半之枢，其一半以土石培砌。接气脉可矣。

□游鱼上水下鱼腮，下水鱼儿尾上裁。

鱼之关键在腮，用力全在尾。

□出水鱼儿须下口，不可一例寻鱼腮。或于后孔凹处下，此穴因鱼下水来。

发挥云，鱼看上下水如何。腮及后孔是穴，或下尾下髻鬓，又各有取用。鱼与网獭常相应，若穴下网。则下百袋，及网坠。獭则爪下觜耳，出水鱼，或下口，引子鱼。或下尾，亦观情势如何也。

□蟹形须是下蟹眼，或左或右何处拣。只看水从何方流，仍要护山不相反。水从东流西可下，水向右流下左眼，海蟹亦当眼上寻。

发挥云，蟹形下左右眼，及

筐屩，如捕鱼之蟹。间有下鳌者，然如此亦甚少。

□虾眼有隔左右深，侧卧之虾下虾臆。或向尾中回处觅，但看流水上下势。穴法随更无定议，若还赤石赤土形，此是死虾无活理。

虾生则白死则赤，故赤者为死虾也。发挥云，虾形左右眼，或臆，或后孔，似鱼而有针瞳。及有足者为虾，无针无足者为鱼，主有鱼形及螺蚌为应。然却须辨生死。死者，断不足用，赤石为死，土石之白者为生也。

□螺形自是下螺屩，行螺食螺须检点。出壳须下蜒鲇脑，得近水傍方是好，此水或田或小溪，正是食螺寻路时。

发挥云，螺形。则有行食出壳藏壳之异，故穴亦有屩有头。及有顾壳之别。

□龟鳖惟水左右肩，只看水从何方流。水左穴右惟类取，宛宛生穴自天然。

言水流向左则下右，非谓水从左来也。发挥云，龟鳖各下左右肩。有应星而阔扁者为鳖，有蛇，及土星真武，或龟子，高

而圆长者为龟。龟应不专一物，而鳖应必须有星。盖天文鳖星，居天河之下，箕牛之间，自有乐星在其旁。故地下之形，即天上之星。必有应星如天文，而后为真鳖形。龟鳖皆有引子，而鳖有抱卵形。鳖卵必别聚一处，此又物理也。鳖皆影抱身在天涯，而卵居岸上泥土中。必不同在一所，故一二在前之左右者，应星也。或三或五，在侧与后，而又聚集者。抱卵也，卵高鳖低不害，为形之真。龟鳖皆有浮水没泥之异，浮者，在水中露背脑而已。不见其脚，没者，惟有背露。头脚皆不见，或见，亦必隔越泥水，见于他所也，浮没之形，惟背可下。而不可凿，安柩其上。以土培之则善，凿之则其形死矣，故不利焉。

□花形须是得花心，木形须向木梢寻。

发挥云，花形，惟花心，木形，当下嫩梢，及开花结秀处可下。

□响器须是敲响处，宝器须辨玉与金。金可向前玉向里，执器须近手边寻。酒杯须是斟

酌处，或有花靥自然深。

如钟磬铙钹皆是响器，各取其器之响处当在何所。玉攻其心则坚，攻其弦则破，执器或有柄无柄。要于人可用力处寻穴，酒杯虽是执器，然用处却当在斟酌处。

发挥云，金玉宝器。取用不同，金器向前者。以当于响处取用，故在弦。玉器攻之易瑕而碎，故在里中取用。不损玉也，执器在手者。以有柄与耳，然亦有不在柄者。如玉瓒，或当在口中盛酒水处。不可执泥当用花靥。

□刀剑须从快利处，枪取缨眼钗取股。宝剑靶头亦是穴，于此水势来寻决。

剑二头皆有穴，当以水为决。

发挥云，刀剑或在手执处，或在快利处。或取缨眼下之。如马刀，亦有缨眼也。

□带下近胯或鱼袋，玉几中间下曲心。罗带风吹须下结，近上上结是太深。

结居下手近上不是穴，罗帛必薄。故金井不可太深。

发挥云，带几虹三形相类。皆以应星辨之，带之应。鱼袋及靴幞圭笏祑袍之类。不然，亦必有贵人当之。几之应，如意裀褥胡椅坐佛贵人拜山之类。不然，尊祖屏风琴棋副之。虹之应，飞瀑湖潭祥云走电之类。不然，即有雨洒之点应。小注小堆阜无数是也，观其应而知其形。知其形而得其穴，带取胯与鱼袋去处下之。凡取立脚中腰等处下之，虹取饮水处下之。亘天之虹，只此当面正处下之，然亦自有首尾可辨，大率向水处是首也。

□宝幡须要下中股，中股心间凹处寻。

中股仍有二脚，股凹处可取穴。

发挥云，幡旗之形。多于闪动处，幡在中股。而旗在花心最的处，或下七星处点亦是穴，又须看朝应如何。

□更看楼殿在何处，殿楼见处取穴心。

惟有层楼穴可分上中下。

□钗形须是长短股，竖钗当于股上寻。匣钗要于头上下，左右股中难更侵。折钗却于股上取，又怕凿伤股断金。单股不是钗形像，此样原来是玉簪，玉簪花头乃是穴，或于簪杪尽处寻。

发挥云，钗形取穴最不一，或取钗头油腻处，或取一股，或取断处，或因斜欹之势，以向取之。先看本身情势，坎取朝应，次取堂局，而后可定也。簪形与针枪相似，亦以应星辨之。簪之应，有镜台美女妆台之类。针之应，有丝线珠颗之类。枪之应，有虎豹犀象将军武公旗鼓之类。又形之大小，各自不同。玉簪形，取花头，及尖表口之中腰是软处。及用之则藏，舍之乃见。故不可下，针形，横鼻，直取尖下之。枪形，只下缨眼。而直者亦下两锋，又当皆下中心花点之穴。

□如意，下头不下柄，球杖面上穴自沉。或于球上得其脉，下球要认此花心。

如意，手中所执者。穴当下如意头勾曲处，球杖面上衮球处有沉凹，言球形有龙脉过处。

发挥云，球与杖相对。有球必有杖，有杖必有球。各观其融会所在，如意须下意头，手执处不可下。

□或有圆珠见尖射，此是穿珠小金针。当于针上取正穴，微微作用怕不禁。

有金针穿珠，形亦似球。然无杖而有针，乃以针为主。针形必小，故不可大作用也。

□若有圆星一路直，此是神仙横玉琴。琴穴定须徽上取，徽隐只于指下寻。有圆星见徽固定，无徽何处定元心。

一路圆星乃琴徽也，有星则取大者为穴。无星则当用指弹处取穴也，发挥云。琴下大徽，无徽，下用指弹处。

□琵琶要于拨处下，羌笛要寻吹孔音。

发挥云，笛形，下大孔吹处。琵琶，下拨处，无容边变也。

□天造地设不虚名，一形自有一性情。得情得性自得穴，况有天然自分明。世人爱说三才穴，如此应须不论形。形定穴真无扞改，三才何莟丈外寻。

人形之穴可以高下选改，

亦是看前朝如何，亦有天然宛宛不可扦易。特名不同耳。

□劝君不必论三才，但要天然穴自在。若还取形不得真，此事定当有退悔。五星论龙诚简易，取穴亦须明此义。相生相克得其真，万不失一岂误事。若还取形道不成，天上禽宿不可废。论禽自有传世文，吾今推论不必赘。问君何故取禽宿，假如日形星形类。半月下魄或下角，圆月取弦向日贵。

月无光受日之光，地形虽是圆月之形。然月不常圆，若向东方常受日气。则月无缺矣，此是阴阳交会之法如此也。

发挥云，月形。有满月缺月之异，满月下弦。半月下魄下角，

□流星亦是作形穴，长虹下头不下尾。

或从花靥取之。

发挥云，流星，下星实处，不下流焰。七星下斗，或斗中平地有穴处，或于星点取之，或大或小，或从小取大，或星点回环，只取中心正者下之。

□此形皆是天上星，如何禽宿却偏废。又如五星天上星，地下取形即此是。又如四灵及禽兽，草木金玉及用器。取形皆可得其用，得形得性皆得利。

得此物之形，则得此物之性。因此物性而安穴，则受其福享其利也。

□五星既作地下形，凡百星辰皆此类。正缘专门各偏主，主一废一不顾义。吾今取舍凭此心，皆以正说论正理。劝君禽宿更看详，不必师张訾姓李。

发挥云，禽宿之论。盖天有此星，地有此形。星既着于天，形则可用于地。非如其它泛然论形穴之比，故子微取之。如五星之论形也，世俗又从而增益之，曰太阳穴，太阴穴。此都非是，太阳安得作穴，太阴即月也。岂月之外，复有所谓太阴者乎。太阳，为众阳之宗。人君之表，岂可扦葬。然诸地理经中，亦不取太阳之形。惟龙诀有太阴太阳照入穴之说，故以此二曜论穴者，皆不经之论。禽宿，先以三垣为上，其次二十八宿，假如经中柳枝龙。即柳星之象，然得柳星之精融结成地，则又

非柳枝龙偏枯之比。不过大势包腕，内向正穴，卷在中间，亦是好形穴也。此特举其大概以明之，又次焉，有天道天津腾蛇卷舌天船天鳖天壁朝庙等，皆天星之象，可参合于地者，若得此形亦为吉地，不可以为别家而不取也。三才论穴，此乃术人造就，以玩俗人，要求财物，其说以为得若干则与选天穴，若干则与选人穴，倘价不到，则只与地穴。世俗不惟昏愚者以为然，高明者亦复然之。而目睹仙经，口谈地理，以杨曾自负者，亦不造其理。往往入其笼络，莫不厚赂以求美穴。子微一定之说，可以破世人之惑矣。亦有回避恶杀，或贪见山水为之高下者，亦是天然。宜高宜下，非人力所能选就，此经去取，极为允当，诚非专门护短，各私其说，师张訾李之比也，学者更详究精微，庶得其要。嗟夫，地理之学，人皆能之。而鲜克精之，自谓已得其要，而见诸施行，则类多迷谬。诚可悼叹，观子微之文，。而复不悟者，吾未知何法。。

仙人下棋形

□此卢镶祯祖。其一下乳穴者，不振，生凶祸。卢氏下手穴者，富贵双全，累世仕宦不绝。

仙人下棋形

发挥云，形真而穴怪，在在有之。然今既不识形又不识穴，故先下乳者，徒以居中乳独短。遂下乳穴，而吉凶祸福。乃相去天渊之别，其一富而小贵者，乃护龙之所融结。祖龙金三台偏出，似玉陛九级而止，从六节分落。其所以富而小贵者，以近穴一节，亦是三台。然龙形终偏枯不正，但收拾稍紧。故当，前朝

亦有正接，故贵。龙神偏，地势不为此而结堂局。故只小贵尔。龙分股，此为中股。左二股全无穴，右二股有二穴。亦在内者，富贵粗得。而在外者，亦贫贱。观龙势之所融会，朝应之所领抱。则轻重臧否可见，然登山之际，不如按图，深厚广达。骇目乱心，不失于此。则惑于彼，故得之者寡矣。

是以登山之法，先从祖龙，分定枝数，仍登最高峰。领望龙势，凡委蛇起伏者，活龙也。前去必作真穴，生硬连平者，双龙也。前去只为缠护，亦不作朝应。天地融会朝应之龙，亦活泼泼地。故人多误于朝应处取穴，以龙好故也，穴法尤难于龙法。古人所谓十年求地，三年定穴，十年停棺，三年改葬。此言地之难得，而穴之尤难决也。

取穴之法有四。其一，以龙脉入首处取之。若龙穴广邈，朝应俱善，水城皆顺，向家皆利，则以龙脉取之，若穴形平缓，朝应散乱，水城横过，向家疑似，则亦以龙脉取之。其二，以朝应取穴。若穴有三四，并头而出，水有数枝，奔进而来，左胁观之，自有龙虎，右胁观之，亦有龙虎。如此，则不必拘泥龙脉，当于朝应处取之。其三，以收拾左右手取穴。若主峰不正，龙脉相背，而左右停匀处有穴，则当以收拾左右手取用之。其四，以收拾堂局取穴。若龙脉斜入。龙虎不停，乳头不端，坡面难定，以大势堂局取之。故古人定穴，或似偏斜，或似脱脉，或似顺水，或似暴露，皆有所以。凡见先贤踪迹，不可轻忽，且点对前件四者之说，必有取焉。此触类旁通而长之义也，发挥所论，此仁人君子之用心也。

仙人大坐形

□此刘氏之祖。兄弟双荐，同登政府。

发挥曰：以水星为祖父母，孕出金星入穴。金星雄伟，故指为人形。雄伟高俊则无穴，故于麓之平处取之。大抵取形之法，清瘦高平者为禽形，雄勇肥阔者为兽形，高俊雄伟者为人形。小巧修长，方圆偏窄，诡怪奇异者为器仗之形，得形而后取穴

玉髓真经

失之鲜矣。此穴通身金星，本当带武。以水为祖宗父母，秀气所钟，文而且贵，加以锦屏双尖特起，故贵而显。兄弟齐名，至于祖为三台水以孕之，五星皆有

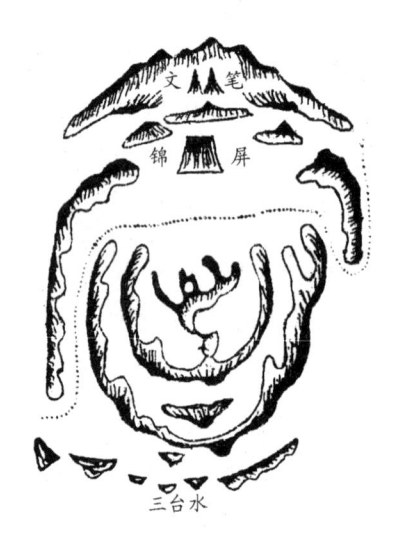

仙人大坐形

三台也。三台之下水星，亦为特立贵人。朝山双峰。遇节虽偏，不碍为正，盖来处偏而出处正也。大凡龙脉，最不喜欢出脉处偏。来处虽偏，乃已往之节。受脉处不偏，乃方来之节也。若此一节是正出，而传来处偏。加以传来上一节却是偏出，则是病态。如上节出脉处正，但传来处转换别峰而后出脉，又从中出，

所以不为害。

□右观此，可知偏正之法。

此与正出同　正

此亦与正出同　此皆偏出之脉用之三台也

偏正之例

仙人舞

□下脐穴，山麓平处取之。

□此张郡王祖。扦后十二年贫，后出一节度使，次出大将军。五十年后，出人高科登第，又出二神童，累世仕宦不绝，富积巨万。

发挥曰：金星变木，木星特起水三台，三台下特起帐内贵人，又出断特起三台，又起木星。开两翼护卫，中以土星培植，复传木入穴，可谓清贵之格。然初一纪贫者（一纪十二年），以元辰去水直而速，故财未聚。明堂水逆流入潭，方回上

198

水流，贫者便醒矣。先出武者，旗鼓出穴前不远，取其效应为近。故先出节度将军，后龙一节胜一节，孙息便以文章显世矣。重重三台，以土培木，自后龙逆取之，故贵显富盛。外阳尖峰独秀，故生神童。众水交会，三潭停蓄，故富积巨万。不似以前贫。遂疑其水直也，傍龙金星起祖，蜈蚣节出穴，亦可富贵，但不甚显，以龙之大情不在此融结，亦七八节穿心蜈蚣节，三峰共堆一案，故亦可边上载寻。大凡一龙不专一穴，本身随带，必有小穴。如大官贵宦，出门必有从官，大衙府，必有曹属。只不

过轻重大小不同耳，至如舞袖之形，倘不识者，必以飞扬牵反弃之，然以真龙如此，虽出穴更丑，亦不容弃也。择地之法，先宜审此。

仙人侧卧形

□下手穴，于大指节取之。一家下虎口穴，发殂，后一人登第，仕不过选人。继而二家再葬下食指节，先葬者，再发殂，后遂绝。后第二家下后食指穴，一纪衰，八十年后，下食指者方生好人，亦登第仕宦。然不如大指节者，盖堂局偏正不同也。

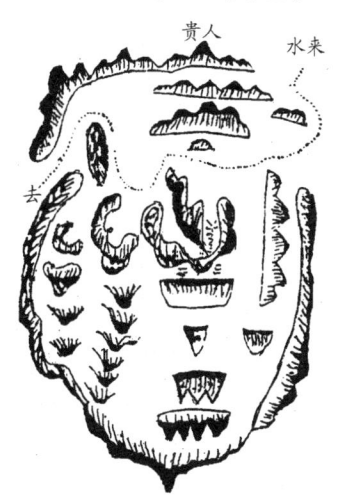

仙人侧卧形

□此荀氏祖。即八龙之家，

一纪后生异人。十六岁登第，自后诸孙皆俊。凡投撞科第者七人，仕皆升朝。三人执政，一人大拜，富贵不绝。

发挥曰：木星章之气，培以厚土，而传土入穴。系土三台，出眠木，手形。木华也，其发秀尤可知，然虎口本是禁穴，所以发殟。食指之穴，近之而非正。因受虎口者之伤，而发达亦迟，盖龙脉不向此来故也。譬如人身，为血气所养，当无寸肤则无血，然有误被锋刀所伤，而终日流血，以药擦之，自会长好，固有刀刃微伤，或只为针刺，鲜血奔迸，药不能止，也不能断者，此无他。适逢血气运行之地故也。此穴下大指节，极有妙理。其一，是后枕主峰。其二，是气脉直下。其三，是左右手停匀，众指便不在取用之数。其四，是朝应相当。其五，是堂局大势皆正。此为穴法精髓。此等穴法，自与龙虎正乳不同，非精造妙理，未易审择。

美女侧卧形

□下阴穴以细腰凹处取之，上一穴贫，中一穴发小福即歇。

此阎贵妃祖。八年生贵子，二世登科，女为贵妃。

发挥曰：为何明其为美女侧卧，而下阴穴。盖有牙梳妆台在前，此所以为女形也。阴穴以细腰凹处取之，以后龙有应峰，故知穴之所在。而凹处不必避，又以前朝牙梳案端正为据。而点穴亦无疑，若非后有应峰。重重相穿相枕，则凹处不可下矣。

醉仙侧卧形

□下伏兔穴，膝上取。一穴贫败，中穴接龙气，发福不久即消歇。

此苏侍中祖。出入高科第，仕宦累世不绝。

发挥曰：此龙似偏而非，每节皆峰上正出。旋转变传，前侧下见伏兔之穴。在膝上骨凹处，灸法以伸足得之。主帐入处，此脉直垂而下。故于伏兔取之，仍横收斩应，内外阳，皆有端正秀峰。也穴枕祖龙来处，非精于裁穴者不能扦出也。

美女侧卧形

醉仙侧卧形

仙人消息形

□下掌穴。伸手消息处取之，一家下中乳穴，长子富贵，一人登第升朝，按罢不起。一人恩科，官止丞参。小房退败，出人淫滥不振。子弟虽俊，而都放浪无成。

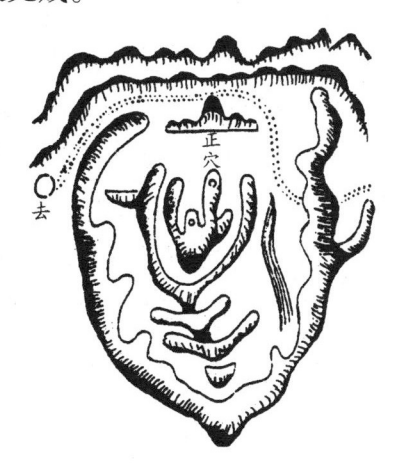

仙人消息形

此高学祖。掌中心穴，出入高第。三世登第，三代领节镇，四世过府，仕宦富贵不绝。

发挥曰：气脉运行，流注消息之所，故当于消息用力处取穴。合在掌心，且朝应向之。仍带秀曜，所惜秀曜贴身者小。贵显之曜反在三里之外，故登第过府迟迟。数龙节，亦合在四五世之后。此穴取义深远，收局端正。左右手齐整，诚可为法。乳穴亦发者，必竟主峰一脉直下。龙气亦来，长子独得力者。回抱宽舒耳，然所见前山，皆交脚处，而无一正面之峰，宜其劫去也，小房独退败者。以右胁太逼，无回抱之势，且伸手在外，有招纳之状，故主淫乱。大凡穴有不应枕龙脉者，不必拘泥，此穴虽不枕主峰，正枕主龙也。

寒胡舞番形

□下脐穴以合气，故靠实取之。

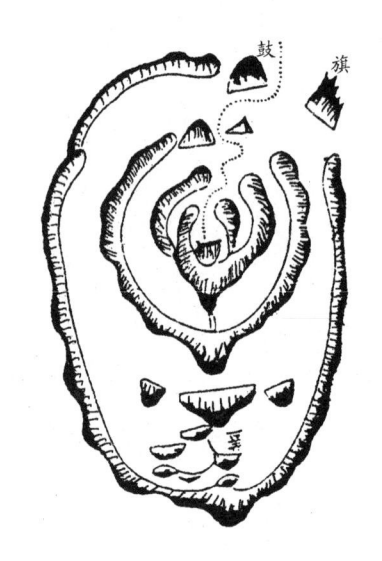

寒胡舞番形

此山东薛半州祖。累世豪爵，家富庶，世号半州之家。每出粟助边，五世后，一人武举登第，仕至节使。

发挥曰：为何明其为寒胡舞番，盖前有番笠，知其为胡，有旗鼓，知其为舞，合气中出，两肩但竽，知其类世俗之装寒胡也。合气出脉，血气分出两肩

而中缓，故靠左下，亦是下独峰穴之法。法在经中，为鼻观之穴，取气通处下之，况此穴朝应，大率情势左右，只当扦脐左穴也。仓库圆厚，是以大富。合气不正，是以不贵。加以金星发龙，不作穿心。累累偏出，自非贵龙。然犹能出人武举者，以龙星逆退折之。有盖星出焉，故亦仅能出贵。前有旗鼓为应，故只出武举。而亦至节制，所惜盖星之后皆偏出之金，故出人亦只此样。金土相生，全无秀气，一节盖星，亦足致贵。龙法之的，如矢必中。穴法之妙，如射之巧。详细隐微，虽不必拘泥。相信天地间诚有此理，不可忽也，但当来合气出面，若有别起一峰，亦不可下。盖无中一峰，则水势合槽。亦难于安坟，既有此峰，乃不知穴，而扦于中，亦必不利后代。其一，是山水直射其背。其二，是旺气不注。其三，是朝应不正。一穴之正处，万山气聚。一穴之差处，万山俱散。有志地理学研究者，当详审之。

仙人跷足形

□下心穴，青龙枕山高，以

外阳山水取之。一家低下者，富厚而已。盖高者，见外阳山之秀，故富贵双全，低者不见也。

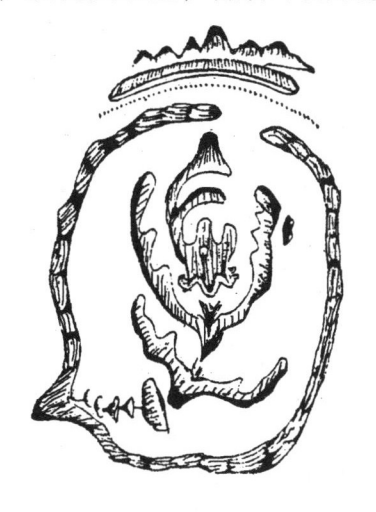

仙人跷足形

此高常侍祖。富贵双全，仕宦累世。

发挥曰：世固恶乳舌之长，然此地右胁短缩，穴自宜退取，而左山高蔽，不见外阳，尤宜高下。若外阳无取，则不必高下，仍须两肩可以蔽穴。不然，贪图外阳，而本身不安，亦非所宜。譬如人坐在风地中，贪看眼前之美胜，不注意保护，会受风成疾，还有什么益处，所以认为乳舌之长而低下，则失外阳而不发贵，但又不能拘泥外阳，而不顾两肩之受风，则将受祸而不知。若外阳无取，而专一下高穴也不吉。玄妙之法，观一而想二，取三而瞻四，如其不备，则其高低之法定不明白。前哲名师以古格图教人，而执方者反为古格所误，不可不察也。本人发挥之义，唯恐人见古格，得其一而失其二，故反复辩论，以开世惑。看此穴另外还要知道后有两鬼相当，故高下穴以夺鬼气，而外阳又从而应之，此所以富贵双全。非下面穴可以比拟的，看完后应该因此段的发挥而受到启迪，更详加细释，大抵古代贤者教人，才能纤悉详尽，学者不可谓其义只此，不复寻究，演而伸之，触类而长也。

仙人礼拜形

□下曲池穴，乳穴不正。以朝水取之。

此萧丞相祖。梁之子孙，至唐累世登科，五府执政，八叶宰相。下乳穴者，退败狼狈，盖以乳取之。山形本不正，加以水城皆反，必横收曲池而后可。

玉髓真经

仙人礼拜形

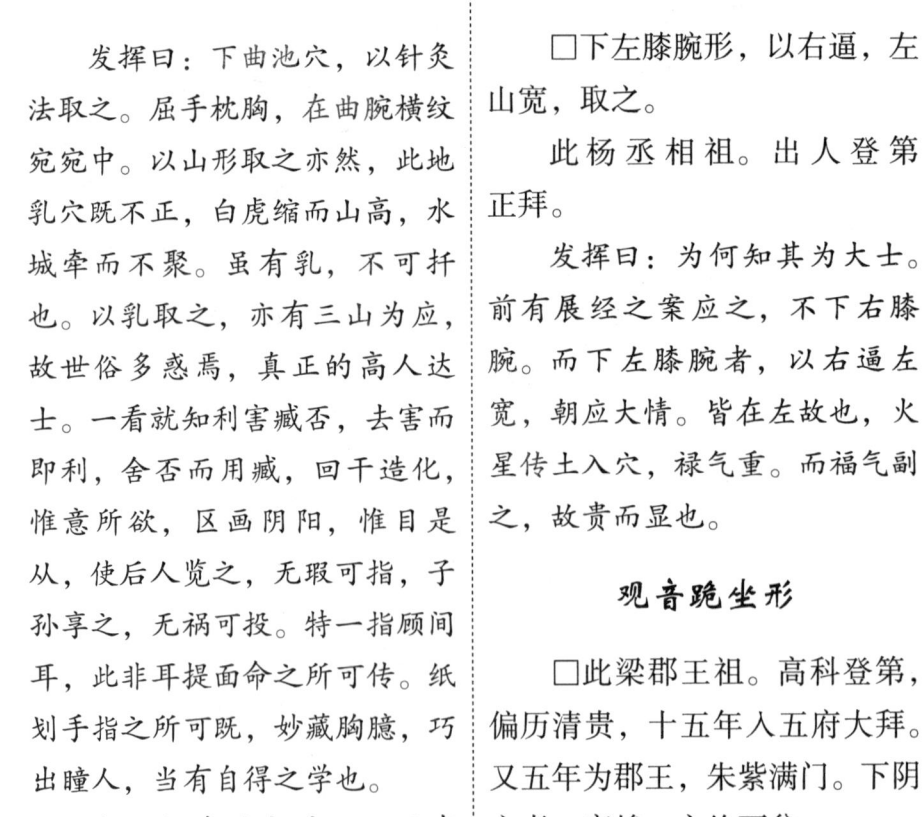

发挥曰：下曲池穴，以针灸法取之。屈手枕胸，在曲腕横纹宛宛中。以山形取之亦然，此地乳穴既不正，白虎缩而山高，水城牵而不聚。虽有乳，不可扦也。以乳取之，亦有三山为应，故世俗多惑焉，真正的高人达士。一看就知利害臧否，去害而即利，舍否而用臧，回干造化，惟意所欲，区画阴阳，惟目是从，使后人览之，无瑕可指，子孙享之，无祸可投。特一指顾间耳，此非耳提面命之所可传。纸划手指之所可既，妙藏胸臆，巧出瞳人，当有自得之学也。

龙从祖峰面分脉入，既有左右龙虎，又有前砂相应。所不足的地方水也。世俗执喜好习惯所见，无有不以为龙虎乳头为上者，故很少有不错误的。大意除乳外，不复介意。反移步换形，畴能回干。发挥屡屡及此，谆谆论之，其应世俗之迷见也，深且至矣。另外傍龙是蒹葭之叶，抽引既长，亦能找出小小贵盛之地。

大士结跏形

□下左膝腕形，以右逼，左山宽，取之。

此杨丞相祖。出人登第正拜。

发挥曰：为何知其为大士。前有展经之案应之，不下右膝腕。而下左膝腕者，以右逼左宽，朝应大情。皆在左故也，火星传土入穴，禄气重。而福气副之，故贵而显也。

观音跪坐形

□此梁郡王祖。高科登第，偏历清贵，十五年入五府大拜。又五年为郡王，朱紫满门。下阴穴者，高峻，主绝而贫。

发挥曰：火为祖父。土为胎息，孕出五木之子，传木入穴，其贵可知。然为何知其为观贵，以净瓶石笋应之。为何下阴穴者不振，盖峻不住财。低不旺子，故贫绝也。若中有天然宛宛之穴，则扦之无疑。此既不受穴，则合寻平坦可安之处。膝腕既有天然之穴，自应从造化之所定，非人力所得而强也。加以前案大情相当，何可舍此而就彼邪，但如此形穴。世俗多不肯下，况复来龙石尖林立。龙非合俗，然五木横列，特出一木以立奇穴。虽不用，其能舍诸，或云，火木不相能，则缪矣。火生土，土孕木。五木既旺，孰能御之。若逆折后龙，亦是木克土。土克火也，火曜飞扬，虽云缠木在中。然中间亦有土城拦护，见其秀而不见其伤。今人多因火星出焰，则惊畏退避，舍贵显之地，用陋贱之穴，诚可悲叹。

大士结跏形

观音跪坐形

美女梳妆形

□下眉心穴，以下无正穴，左肩凹陷，故于高平处取之。

此张贵妃祖。出一国夫人，一贵妃。举家因女大富大贵，满门朱紫封侯。

发挥曰：此穴不可为常法。见得美女形真，梳妆有镜。又当回避左肩之凹陷，下仍无穴可安。而后断然取高处平地扦之，始无可疑，否则效颦西施，失步邯郸矣。

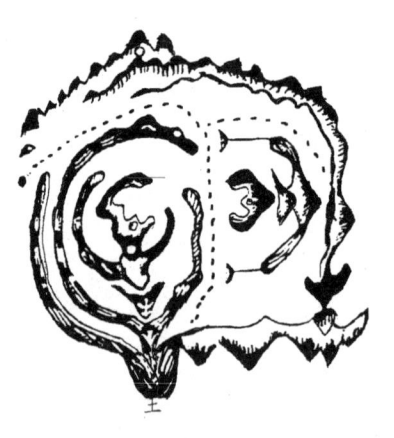

美女梳妆形

宫娥执帨形

宫娥执帨形

□下心穴，以御案高卑取之。

此王贵妃祖。出入先高科登第。女为妃嫔，男尚公主，侯封传爵，朱紫满门。

发挥曰：此地之贵。全在御屏相对，外阳尖峰出，是以贵盛如此。凡下此等高穴，皆是有天然平处。非如今人泛然定穴，高下皆无经据之比。但龙身包客山，主得外财。亦主女人有外情，所喜一水界断，不全入怀尔。

西施捧心形

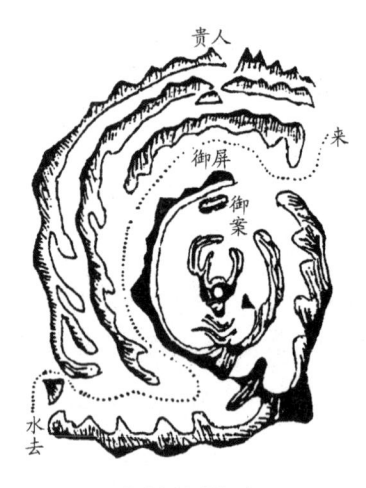

□下手寸口穴，以捧心处取之。

此李司空祖。此地高山上一横石匣，只于石上略凿开。纳柩入山上土中，初出一人极秀，而颠狂心恙，其家欲改葬。

□识者劝令勿改，次出人登第大拜。第四世，出三公也。

发挥曰：若以古法断形，不过三百有余。如此等奇异名字，古皆未有。今得形既真，自我作古，因形坐名，因名坐穴，斯可矣。不然，此名不立，则横亘之石。将作何用，穴居石上耶。石下耶，无从区处矣。故子微先以形象为主，而扦穴，诚妙诀也，夫西施捧心，则病在心，而力在手。若直深凿山上土穴纳枢，则非是。故先贤凿手寸口之石以盛枢，粗开山土以取气脉，则气脉通于心，气力出于手，两得之矣。然犹初头出人心恙，盖形真故也，金星发龙，水土变换生木，此清秀贵显之验欤。中间巨石如屏，乃水顶土脚，复传为土。然后生木而旺，此所谓龙气颇行也。

西施捧心形

乳母引儿形

乳母引儿形

□此慕容氏祖。父母生父，出棕榈叶。亲孕出土子双金而传，出郡王列侯。

发挥曰：此穴以儿脑为右臂，对左臂使停匀。而后取穴，手三里。在斗腕外之下，曲手取之。去斗推骨三寸，两肉缝中骨上是穴。此灸法也，知人之灸。则知地之穴，世俗之见。则莫不以乳头曲，主峰不正不可下。盖不得其形故也，曲在坟下。虽曲何害，气引龙脉，虽无主峰，何伤乎。

狮子戏球形

◇狮子戏球形一

□下左眼穴,以龙虎左宽右窄。龙脉从左而来取之,加以左右之平冈前者。丑陋无取,亦不容下王字穴。江水独见一峰而已,此为特秀之应也。

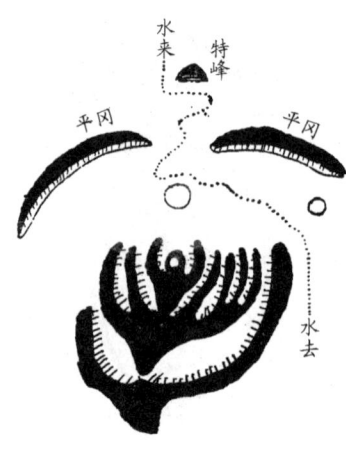

水来　特峰
平冈　　平冈
　　　　水去

狮子戏球形一

此杨相公祖。先出数监司,后有子孙大拜。

发挥曰:狮子以球证之,故见其形。凡面平而方者,狮子也。他兽面不平不方,辨形者,以此为诀。伪狮子必带球,尾头大身小,前重后轻。前昂后俛,有回转戏球之势,此狮子之情也。如此形,有二平冈横列。不识者,必误指为象。以横冈为埋牙之类,则失之矣。以穴言之,则球在左眼,力必注于左。而又左宽右逼,法当用左眼。凡伏狮,卧狮,则多取鼻颧,或王字。如戏狮,引子狮,戏球狮,伏虎狮,多取穴于眼,盖精神在眼。以其顾盼取之,夫远山特出,而不见群出,亦是特秀之格。与来龙特起星辰一同,且大江阳潮,端峰特应,焉得而不贵。至于平冈丑陋,开列两傍,为一字捍门特起,出纳江水门户,亦自无害。若横陈当前,别无山水,而有丑陋之形,则不佳矣,然使龙穴端的,不可轻弃。则虽丑陋,或有名色取应,尚且精详细择。或可植林木掩映,变凶为吉。亦增单益高之义,毋徒曰无所取材而已。

◇狮子戏球形二

□下左脚,以收拾左右手取之。下面下肩者,非。

此杨节使祖。先富后贫,官至节镇,子孙皆衣紫横金,然悉武职。

发挥曰:此形虽同。而取用则异,前形两脚齐出,故狮面居中。堂局自正，犹然去右取左，此形独推出一山。为面为左脚，而右脚乃与左脚相当，则面非穴矣。故下面者不振，昧者。复见坡。针在中，遂扦针穴。则不识形象者矣，故下肩穴必峻，故绝。正穴收狮面为右手，后脚为左手，而下前左脚，则堂局正。而龙虎均矣，盖戏球狮之力，亦在足。非浪为处置也，彼下面眼者，往往为球与峰所误。贪看朝对，而不知堂局之情体，鲜不败矣。

狮子戏球形二

狮形，面方而平。然狮之戏，虽斜头衔脚舐尾，不一而足，故狮形有头面不露。只如平坡者，两足踞前。如龙虎环卫，而中无乳，又不为钳，有平面如削，而低陷如龙虎之间者，陷非坑陷之谓，比左右之山特深而平，不隆然而起耳，此亦狮形。以经中形穴取之，则天隐穴是也。如有球，有带，看尾，有对戏之狮，则为狮形无疑。至如虎豹蛟龙牛马犀象麒麟骆驼之属，则头不可以缩论。必头脑分明，而后可为此形，无头脑面目。则不可妄名也，狮形难识，而取用独异于他兽，得物之情，则得地之形矣。

狮子伏虎形

□下右眼，以前朝取之。

此班将军祖，出节使大将军封侯。

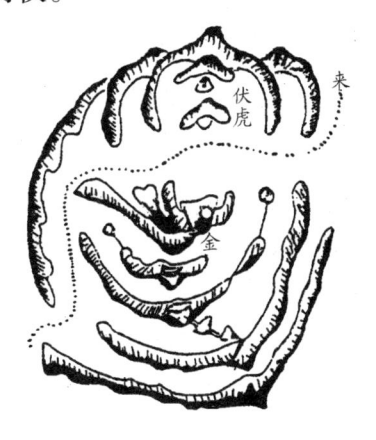

狮子伏虎形

发挥曰：按刘允升祖谈，非班超之祖。乃宋朝班从义之祖也。父为昭信节度，子为宣武大将军，封威信侯，四子皆有武艺。持兵方面，长子耘袭爵。此地下右眼者，以虎之应朝右。加以龙势自左面来，则左无穴，穴在右，势使之然也。虎面向右，虎后之峰当乎右，所以无疑。龙从右来，势从左入，虎面顾右，外阳亦与右相当，朝水又从右而入，此所以右眼是穴，金，武星也。凡金星行龙，无水无火无木者，必皆武职，盖无文秀之气，则断不在文阶。火星虽通谓之禄星，若祖龙得火，则禄之正也，禄正为火，而火为食禄之星，禄为纳火之曜，故火克木，而木生火，得火多者必贵，而贵必以文章显世。若火少，而穿落传变皆金，则武职盛，而中亦有文，若祖宗父母胎息传变皆金，则虽贵极王侯，必由武者，此必然之理，必验之证，必至之势也。故子微分别五星，以水为秀，以火为禄，以木为文，以金为武，以土为财。古今从有未有发其秘者，此论一兴，确然无易。所谓仰以观于天文，俯以察于地理，推五星之性，为五性之情，因五星之体，为五体之用，非子微吾谁与归。

狮子饮水形

□下鼻观穴，以饮水之情取之。

此陶学士祖。初出人恩免，次出正科，子孙贵显。

发挥曰：狮子饮水。则合眼，而鼻舒气。故饮水之形，下鼻观，取气旺也。前砂低平，而金入穴。故初出特科，为何不为武。祖宗木星是文，胎息土星传金。故只恩免而已，终出文章之士，正科显名也，若前砂高秀，则文不止此耳。

狮子饮水形

狮子舐尾形

□下舌峰穴，以舐尾之情取之。

此应中书祖。黄甲登科，不过府，仕至内相。

狮子舐尾形

发挥曰：火生土，变金，传水，禄秀互发，宜其清贵。此地狮子舐尾之形，尾如扫帚，众尖并山，且系顺水，非精鉴者，必不敢取用。惟得形真的，所以无惧。既知其为舐尾之形，则合下舌锋，盖情在舌也。世俗观之，莫不疑为绝穴，田中高田，何害之有？情在舌，而不在眼，故在眼者绝。狮子凡饮食舐尾，皆闭睛合目，故无取于眼也。

狮子引儿形

□下乳穴，以儿应取之。

此蒯中丞祖。出人丰厚肥庞，累世仕宦不绝。

发挥曰：贵秀，木也。丰厚者，土也。前山迎龙，又是一格也。

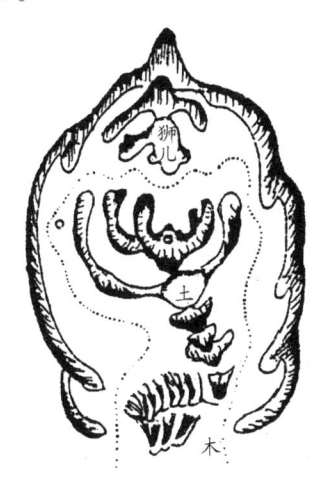

狮子引儿形

番王骑狮形

□下鼻观穴，以验乘用力取之。

此耳将军祖。家财巨万，将军节度，万里封侯。

发挥曰：富者，土也。贵者，木也。武者，金也。功在回环包护。骑狮则用力，气盛于鼻，故下鼻观穴。

玉髓真经

番王骑狮形

番奴伏狮形

◇ 番奴伏狮形一

□下右眼穴，以侧身避番奴取之。

此刘发运祖，此地监司郡守。

番奴伏狮形一

发挥曰：此龙祖本好，分受处，乃不起星辰，故贵止郡守监司。但回抱如此，故亦绵远，穴法则以斜侧取之。

◇ 番奴伏狮形二

□下胸堂穴，以后应前朝取之。

此狄梁公祖。大富大贵。其一人扦正乳穴，三代出小官，后不复振。

番奴伏狮形二

发挥曰：凡地有不必枕龙脉者。有必枕龙脉者，不枕龙脉，所谓龙从急起来，穴从慢处落是也。必枕龙脉者，以入穴主峰与傍峰相将，前朝皆有秀峰，则不若以枕龙脉为主。加以此地下胸堂穴，则前砂龙胜，水城横陈，殊与正乳不同。而又后枕龙脉浑厚，焉得舍此而就彼。取金星龙，虽为武星，然火星在前尖秀，虽曰克金，然金龙大旺，全无间断，亦须因火而成器，故亦出人奇伟忠节。盖秀出于火，武出于金。贵显，则火成金之所为也。

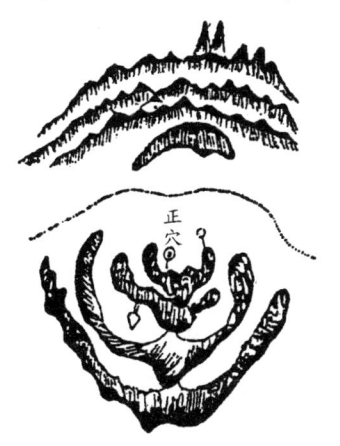

狮子带铃穴

□下铃穴，以应脉在左眼之下。乳穴者，非。

此苏吏部祖。富贵不绝。五世后，出人双举正过。有人下正乳者，抱养他人之子，仍富而不贵。

发挥曰：金以水秀，穴以峰应。及龙脉取下乳穴者，抱铃在内，有抱养之状，故主抱养子。乃造化不于乳融结，则必有峻而不受穴处。故绝而抱养也。

伏狮形

□下鼻息穴，以伏狮之形取之。

此连参军祖。出入有官，即离乡。

发挥曰：伏狮，卧狮，皆当下鼻息之穴。然右山里出左山之外，前山皆情势趋下，下重上轻，故仕宦必至离乡。然亦不甚显，所谓要山水交会。龙至穴结，苟山水无情，虽或有秀峰，而大势不住，皆非善地也。此地所谓山水不交会，不足用矣。右山里左山之外，本无忌，盖是顺水，即无收拾。下重上轻。指前山重显趋下而专言也。

狮子带铃穴　　　　　伏狮形

伏虎形

□下鼻筒穴，以见狮面屏气取之。

伏虎形

此阎都督祖，出监司节钺。

发挥曰：土星出穴，木星特起于后，以金间之，然后得土，是以退而取之。土既生金，亦能埋金，而金又克木，虎降于狮，屏气窃食，故脉在鼻也。带球者为狮，无球者为虎。虎形面圆而凹，势雄而惵。人虽颓然，而山也自有一等精神气焰，见者自怀畏心，此真虎形也。若视之无威，履之不惵，则非牛即犊，然亦于应星精详之。虎之应，有狮，有羊，有雄肉，有拖枪伏弩，暗箭弧矢，奔狼雄雌，虎儿等是也，否则他兽也。凡物之形真者，随其取象，必有一等精神，故蜈蚣与虎真者，必杀师。又有一种白虎形，其形龙身而虎面，龙爪而虎皮，与龙均为神物，若得形真而下之，亦主杀师。得龙形真者，主孝子，师人地仙有灵应之梦。如虫鱼马兽诸般形象真者，必有地中之应验，故张子微论穴，必限以尺度，恐凿之过深，或见真形，是漏泄造化，亦是以殒人命。而孝家见在，亦宜急速藏覆，不可任其泄露，别让地灵散矣。更要注意此处讲的杀师之形，不要因地伤身。

行虎形

□下箭堂穴，以弓箭后应取之。

此张知府祖。高科登第，官至五马。

发挥曰：此穴形势，只当如此扦穴。加以弓箭为案，亦多下箭堂之穴，而后面应峰，亦是天然排顿，不可易也。

作威虎形

□下右眼，以野猪之应取之。

此王金紫祖。世世登科，极一品之贵。

行虎形

作威虎形

卧虎形

□下鼻观穴，以睡之气取之。

此程太尉祖。先出将军五马，子孙高科。

发挥曰：先武者，金土也。后文者，水木也。拖枪为雅，识者取之，昧者恶之，收拾为用。则为曜而福我，收拾散慢，则为煞而祸我。故尖射无伤，惟看取用如何耳。但逆煞，顺煞，直煞，果计刑煞，利害者，断当回避之，毋忽视。

猛虎行野形

发挥曰：此地龙虎开张，不入俗眼，然龙穴既真，朝应又的，山水俱秀又何疑？所惜元图不详。其后龙之委折，然只此三节亦受用不尽也。龙虎开张似散漫，野猪奇丑似凶恶。然扦中者享其世世登科一品极贵之效，非有识者谁能信而用之。自古至今上下几千年死丧，葬埋又不知其几千兆亿，而迄今有未扦之地，都是因为识之者鲜矣。

玉髓真经

卧虎形

猛虎行野形

捕食虎形

□下爪距穴，以龙脉前砂取之。

此陆少卿祖。出入高科，仕宦升朝，台郎卿监之位。其人下正乳，杀师，杀小儿，后发富二代，歇绝。

发挥曰：此奇穴法也。盖正乳，被左手逼，而又青龙开口，白虎昂头直出，全无收拾。今下爪距，则下水和青龙逆抱，白虎虽真，而与穴相齐，而穴中亦自有回腕处，此奇中之玄妙也。以火生土，故乳穴亦能发富，但不久耳。

猛虎降狮形

□下虎额，以降狮高下取之。

此濮公祖。出入登科，累世五马，第五代，追赠太师，六代，位至三公。

发挥曰：火星行龙，土星入穴，通身秀曜，识者取之，昧者畏之，累世穹显，宜哉。虎取额，而不取鼻息者，以前砂高下，及本身崇单折之，鼻观大耳，则下额穴也。盖虎见狮，则屏气下眼，不敢仰祖，视在眉额之间，故额心亦是穴。此又因山势之可否，可为之权变，不可拘泥，惟其当而已。以愚见观之，当横看狮子，逆接朝水为是也。

虎之形，惟鼻眼爪是穴，取用各不同耳，不惟降狮。若伏卧等形，眼鼻单下，亦须通变，下额穴也，爪穴，如引儿等，亦可下，不独捕之形取之，达者自通变之耳。

捕食虎形

猛虎降狮形

猛虎下山形

□下眉心穴，以销销玉栏取之。

此卖奉使祖。下后杀师，杀役夫三人，半纪后，生贵子，高科升朝，为奉使，声振朝野，子孙贵显不绝。

发挥曰：火星行龙，得木发火，而火旺。然后生土入穴，万山岸帻，见于远山之外，故主奉使，而不主状元及第。方山岸帻，惟奉使与状元戴之。

猛虎出峡形

□下左眼，以金枪取之。傍龙三蛇争蛤形，下七寸穴。出人登第，位至清要。

此郭太师祖。出三公，出代承恩宠，一门十八人登第，四将军，九列侯。

发挥曰：凡龙之贵者，虽斜出偏落，亦必有奇异主体。此龙正出，既是玉陛九级，而平冈如带护之，既断之余，乃从中脉特起高峰，两傍环列，仓库护卫，而就身仍有穿心之贵，此其所以不可及也。傍出之龙，亦为玉尺，走马升朝之格，中出一蛇二蛇从之，朝水委蛇屈折，虽无外阳朝山，此以水贵者也，故亦出人登第，位至清要。以龙贵而水秀，所以偏龙亦贵。本身不带仓库，故不甚富。盖偏正轻重自分等夷。特龙气皆从贵中来，不能不贵也。大凡龙之受气与人同，若始初受贵气。培植高厚，而后胎息钟孕，分支擘叶，虽只别出一节，亦必是秀峰，是奇节，还分受贵脉，纵偏正轻重不同，亦未有不得力者也。

猛虎下山形

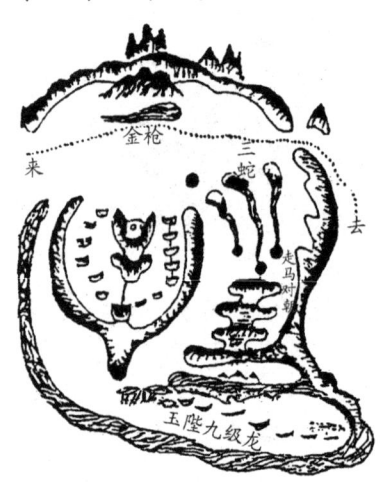

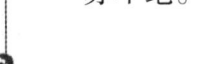

猛虎出峡形

猛虎避箭形

□下箭堂穴，以避箭之情取之。

此张状元祖。状元登第，位极人臣，封郡王，子孙贵显，奕世登科不绝。其一人下眼穴，出人刺配，充军立功，官至殿岩。子孙世将不绝，亦出规贼，黥配亦不绝。

发挥曰：龙贵而带仓库秀曜，近案以弓箭在前，故形为猛虎避箭。但箭为石尖斜射，此当用回避之法。其下眼穴者，正以箭射当面，故虽出贵，亦须黥刺，终出刼贼。因龙虽吉，而前砂凶。穴之差殊，一至于此。下箭堂者，既进去尖射，又得龙脉之正，前砂秀峰，亦正相当，堂局自然齐整，气势自然纯粹，与眼穴大有等夷矣。盖面前尖射刑煞，有可避忌者，有不可避忌者，亦有不必避忌，而当收拾之者，直射当面，斜射近穴，此不容不避者也。若避之不可，宁不葬其地。若横过之尖，或如抛枪，或如横塑，虽尖而尖不向射者，反要收拾为我之用。若收拾不得，或过身为形，或未来将至，则反为我害者。避之如贼徒凶辈，制驭于大贵人之下，则皆宣力效勤，建功立业，若不能驾驭收拾，则纵横肆出，反为人害。故避忌之法，又当权变也。

迁箭堂穴者，大贵。迁眼穴者，吉凶相半。

猛虎避箭形

雌虎引子形

□下乳穴，以虎子之应取之。

此王参政祖。扦后生三子，一子高科，位至参政，一子武举状元，官至殿岩，一子边疆立功，官至都统，后领十州节度。自后子孙，皆以文章秀发，科名不绝，清显陆续。其一人下左眼，杀师。出一子青育，一子登第，官至太守，子孙仕宦不绝，多近视，然后无显者。

发挥曰：乳穴者得全局。而下眼穴者朝应皆偏，惟一水正朝耳，故贵不能显。远山外阳，却有一尖独秀，故贵亦不绝，此可见穴法之轻重也。

雄虎啸风形

□下口穴，以啸风之势取之。

此陈相公祖。内翰过府，富贵不绝。

发挥曰：啸风之名，何从而取。以前面空阔，百里无山，而蛾眉一峰，乃在百里之外，故曰啸风虎也。此地取用，全在朝水，文章清秀，乃在蛾眉文星耳此地因蛾眉案，也主发女贵。

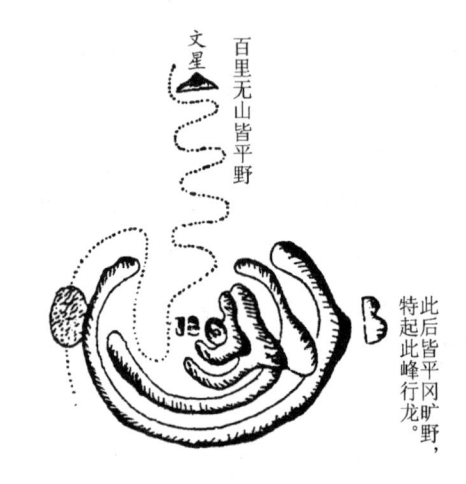

雌虎引子形　　　　　　　雄虎啸风形

渴虎奔泉形

□下气堂穴，以渴饮则气盛取之。

此崔司空祖。状元正拜，五世并拜三公，十世仕宦不绝。

发挥曰：平地之龙，龙法最为奇特，平地起峰，尤为难得。然此等龙，颇似单独，若非两水夹送，亦不为妙。惟是此龙三台并起护过，富贵无与伦比也。气堂之穴，虎渴而饮泉，奔而气盛，故取气堂。而穴以前砂证之，夫复何疑？昧者，必于泉塘上求穴，则误矣。泉塘之上，非不可扞穴，奈龙脉不下，前砂不正，故无所取材，今下气堂，却亦停当也。

啸天龙形

□下须根穴，龙之飞翔，以须为力取之。

此王翰林祖。承天异眷，子孙亦有至三公者。

发挥曰：龙形，其貌多岩岳，有山根。升胜之龙，必有须髯，龙无须髯则无力。关节亦长，此真龙形也。其应则雷电祥云，日月云梯，飞雨湖潭等类应之，有雷云则升，今此地前有日月之案。日月见则无云，故曰啸天龙也。然见而啸，目多无光，出人视倒目，然亦不害其为富贵也。

渴虎奔泉形

啸天龙形

行雨龙形

□下髻穴，以行雨之势取之。

此耿相公祖。兄弟伍人登科，并至五府显官。

发挥曰：龙以髻施雨，润泽在髻，故下髻穴。以右点五雷，祥云掣电应之，故取形曰行雨龙也。

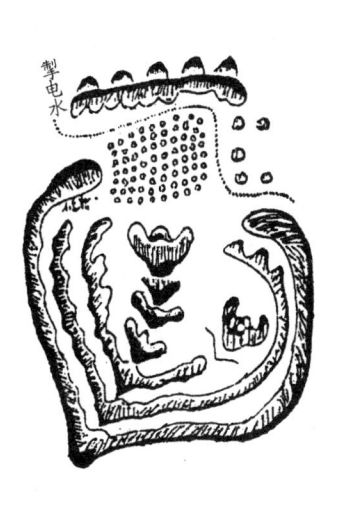

行雨龙形

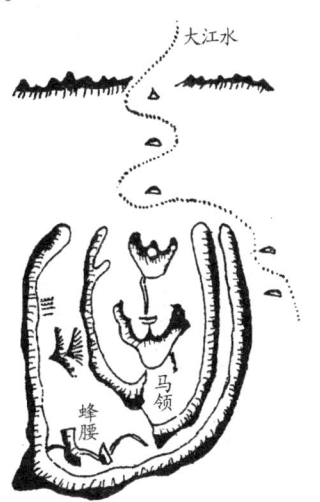

渴龙饮水形

玉髓真经

渴龙饮水形

□下天柱，以饮水取之。

此杜相公祖。出人登科，六世皆卿监，七世为经筵官。八世过府，子孙仕宦不绝。

发挥曰：饮水之龙，气在眉下山根，故下天柱穴。蜂腰马领，龙之奇也，不必拘泥梧桐枝，然后谓之吉龙。火星马领，不如木星马领，为得蒹葭正。盖脚多眠木，而火不变，则伤也。故火不如木，但火亦禄星，若生克顺，则皆力量尤重于木也。

卧龙形

□下颔穴，以睡卧之情取之。

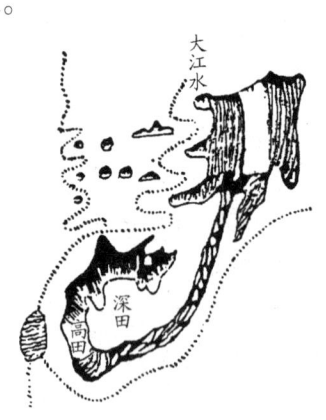

卧龙形

此李司徒祖。下后杀师，一百二十日，火焚屋，得横财。其年生贵子，十六岁登第，二十三至侍从，三十二过府，早夭。其弟亦登第，但四十岁，官至侍郎，即死。子孙节次科第相继，台即侍从五府陆续，皆高寿，盖颔下有逆鳞，触之者死，卧龙必怒而后升腾奋迅。初起，力尚少，必升高得雷，而后显焕大变化也。

发挥曰：李氏不知何代人。观其所验吉凶可信，此间有可考者，多唐朝五代时事迹，汉魏晋宋齐梁陈隋间，见一二。所惜不详著名字，后学不能淹贯诸史而知也。然此经流落人间，虽未经俗师增减，然或见他本，已有全削去姓氏者，尤不可考。此是偏心管见之人。去掉其证验，以迷后世听者如此。平田之龙，最为难得，亦最不宜轻用，须有真脉过度，而两水界割，而后为正龙。否则，游魂漏之龙耳。大抵真脉，验高一寸为山，低一寸为水。而界割田龙，却须溪港沟洫之水，方是真的。然有一种平洋之龙，真脉过度，沟洫所不能断也。盖以人力开凿，通水灌溉，故龙脉过处，自有脉线踪迹可观，无容湮没。但平原龙与山乡龙异，平原之地，龙行地中，故掘凿不断。山乡之龙，浮出地面，故亦畏伤败。若掘凿不深，又有石骨在下者，无害也。所以大崩洪去处，皆有石骨。经中所谓桥沉水底千年在是也。桥者，龙脉度水之骨也。千年者石也。如此则虽经掘凿伤败，水流不断矣。假如此卧龙之龙，筋脉不断，双江夹送，盘结于中，而江外又有大峰应之，故与他处田龙不同。辨田龙者，当以此为法，庶几无事平稳，非由险中作也。山乡之龙，若田无正脉断不可下，必有绝嗣之患。此已试之，验多难以一一举例。今人多是只见田中有龙虎形状，或是蛇盘虎龙逸龟浮鳖见，更不考究来历，即谓此可扦穴。岂不大误耶。彼平原之龙，虽止于平地，时露毛脊，亦有脉线可以寻引，不全然不见踪迹，无脉可见，亦是水流不过，终可考究。

若平田混然不可辨别，或是一丘泻一丘，即不是龙也，择地者，其谨诸。此处又讲了平地龙的寻找方法，切记。

子龙顾母形

□下山根穴，以顾母取之。

此韩相公祖。侍从宰执，奕世不绝。

发挥曰：若此形穴，案山亦可取用，世俗必惑焉。然观两岸龙气，则情不在焉，终不融会，此所以取子而不取母也。

母龙顾子形

□下乳穴，以正脉子龙之应取之。

此许侍郎祖，出侍从。

发挥曰：穴取正脉者，龙脉之正也。子应者，近案也。远山亦特相当，此等穴自是无疑，不待智者而后审。世俗之见，必以龙虎不回抱弃之，盖龙虎只要有，或直，或曲，或开，或抱，或长，或缩，皆在所不必较，顾取用之巧如何耳。

玉髓真经

子龙顾母形　　　　　　　　母龙顾子形

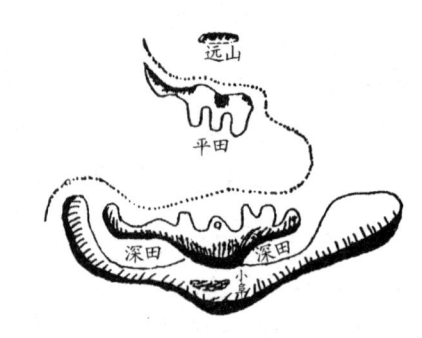

子龙饮乳形

◇子龙饮乳形一

□下孔穴，以子龙取之。

此郝太监祖。大富，出卿监。

发挥曰：此龙穴，必以案山子龙定之。人与物之性异而体腋同，凡人之乳，逢子饮则盛，饮而不竟，则逆泄流滴。故下乳穴，取其盈也。此必于乳头取之乃是，若以其长，更退一步。则非穴矣。

◇子龙饮乳形二

□下肩穴，以后鬼前朝取之。

此牛相公祖。文章出众，高科拜相。

发挥曰：平冈特起，不必问五星，自是奇特，何况更出石曜，文章贵显无疑。或曰，倒木带火曜最为不吉。殊不知此金曜也，金旺而出曜，故贵。平冈木行，故文，此又造化之权变，不可执一而论。或曰，此选就之说也，嗟乎。世俗之所以不达者，正陷于此耳。夫纯金而无曜者，虽贵，止于右阶。或生以水之秀，煅以火之禄，则文矣。水秀，主贵而文。火禄，主文而显。此又禄秀之轻重也。平冈之龙，横润即为水。岂容专指为木，木之行长而狭。两傍如削，是则为木。若润百十丈，即为水矣。金旺生曜，则与无曜之金不同。况平冈之长矛，亦有是金

224

者。但金星必一线之溜，然后为金，稍润则非金矣，此最宜精别。是以校古图而论造化，如按图而索骥，刻舟而寻剑，其可乎哉。况夫以讹传讹，未必如天造地设之本然。姑论其概可也，假今人固有能地理而能图形者。多失其本真，所传者图出于子微，则失之者鲜矣，学者更宜通变耳。

子龙饮乳形一

子龙饮乳形二

黄龙戏珠形

◇ **黄龙戏珠形一**

□下鼻准穴，以珠取之。

此李尚书祖，高科八座。

发挥曰：地有以龙贵者，有以前砂贵者，有以堂局贵者。如木有根，如水有源，以前砂堂局贵者。如暴涨之水，浮生之木，速旺而易衰，不如有根源之长远也。此地重重文星在前，外洋秀峰远见，其贵在此。但本身龙气弱甚，而所载高科侍从，往往亦仅此耳，第恐平冈之外，尚有奇异之节。不然，断只一代富贵也。

◇ **黄龙戏珠形二**

□下爪穴，以珠取之。

此沈大卿祖。登第，卿监五马，数世家第，富厚贵。

发挥曰：此地比前图龙气便自不同，故虽贵不大显，亦自绵远于前也。

玉髓真经

黄龙戏珠形一

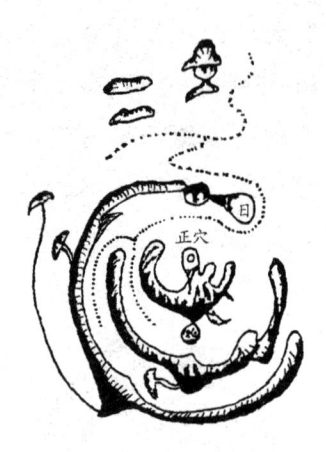

黄龙戏珠形二

黄龙吐气形

◇黄龙吐气形一

囗下气穴，以盛在气取之。

此叶尚书祖。八世登科，尚书侍从，其一人龙头山下穴，出小贵，皆有瘿疾，及妇人堕胎，子息不成。

发挥曰：见识高下，取穴巧拙。相去如是之远，盖龙则精气在气，故气穴取其盛。下山上穴，则气晕丑形皆在目前，故主出瘿瘤堕胎等患，以形相似故也。盖祸福皆自从切近者始，下气穴，则水与蛾眉秀峰是案。下山上穴，则气是近案，故凶效速。而吉效反不及见，此取穴巧拙之验，不可不谨。

◇黄龙吐气形二

囗下气穴，挨龙口靠实取之。

此北刘太师祖。下后高科侍从，八世不绝，至九世孙，大科拜相，位极三公。

发挥曰：二图之形同而贵显异。盖龙气殊也，即此可见轻重之别。

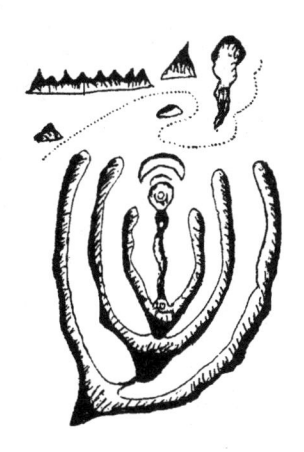

黄龙吐气形一 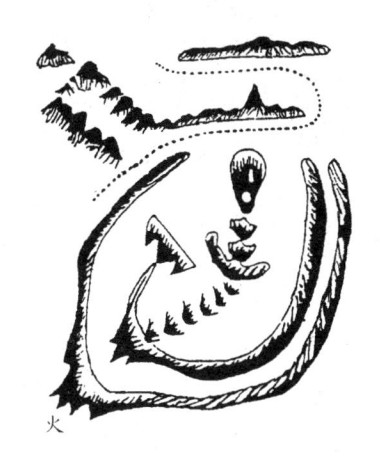　　　　　　　　黄龙吐气形二

群龙争珠形

◇**群龙争珠形一**

□下珠穴，以气聚在珠取之。

此夏郎中祖。登第必居末甲，官不过郎位，外任不过五马，然亦世不乏人。

发挥曰：下珠穴是也。然群龙散出，其气亦分，而珠复不由中股，则枝数不匀。所喜枕龙脉耳，加以后龙二土偏出，故贵在水星入穴。而不显，在土星之偏也。

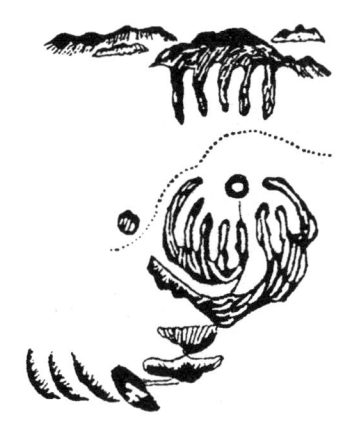

群龙争珠形一 　　　　　　　　群龙争珠形二

玉髓真经

◇群龙争珠形二

□下颔穴，争珠形虽一，而堂局不同，以朝应取之。

此侯节使祖。初见兄弟双荐登科，位并至监司藩镇，遥授执，不升朝。其一人下珠穴，不振。

发挥曰：珠穴虽一。而贵贱兴衰不同，何也。其一是龙脉不正，偏出外股，气脉不来。其二是朝应之情全在中股，而珠穴无一应之。其三是堂局皆正。但龙势向珠，人多疑之。殊不知有珠而不向珠，则无情而无归宿。众龙短而一龙独长，则珠为此龙所胜，虽曲无害也。故虽取四人堂局，下颔穴，而精势自正矣。

玉兔避鹰形

□下耳穴，以避鹰之情取之。

此刘刘太真祖。状元登第，仕至五马监司，为侍从，不过府。

发挥曰：按刘氏祖谈。唐刘太真祖，有搏兔之情，被鹰犬及人迫逐，急不能去，则自以耳蔽其眼。但不见而已，避鹰之情，故下耳穴。

玉兔避鹰形

凤凰出窠形

凤凰出窠形

口下翅肩穴，以旌旗案取之。

此李氏祖。进士及第，十八年过府，不大拜，前后侍从十八人。下喙穴者，略富，四世衰。

发挥曰：凤形多贵者，以带尖曜故也。然穴最难下，常以毫厘丈尺之差，而有贵贱之异。故识穴不真，不若不下此地，恐误人耳。大抵凤之形，有以金笼玉架方笼百禽旌旗奇花梧竹殿阁等应之。其形体，则辗转清瘦。翔集顾盼必多从高冈而落，此则凤之形也。其取用，则翅肩翅梢冠喙眼，凤不下胺项。审此则得凤之形，知凤之情，穴则于朝应上取之，情势紧重处取之，万不失一也。又有四顾朝应，皆可取用。左右坡缓，皆可扦穴。辨其轻重同，偏正同，则审交会之情，气脉之注，方向之利决之，万不失一也矣。盖凤形，可为穴者多，非精于抉择者不能之，虽然，图尝有人执泥六秀，而失穴之正者，不可不察。

予家藏李贺祖图，亦凤形也。贺以文章显而竟不贵达，当久寿而早夭。天耶，人耶，人事未尽焉耳。所扦凤形，正穴固在，所扦乃偏穴之奇，考之朝应。非无可采，奈近案不顾何，故扦地。常以近案为主，外阳秀峰。任其在左在右，彼自顾我，我何必拘之也。不善选点者，反之，贪外阳而失近案，不惟异向，从而非穴，徒为后人所笑。诚可哀叹也，今以李氏图附于后。

凤凰展翅形

口下右翅肩穴，贪秀峰，以丁向取之。

此李长吉祖，未扦正穴。

发挥曰：夫以火星行龙。穿变从土而化木，秀丽如此，前砂朝应，又皆奇伟。意谓出俊杰，勋名充塞宇宙，垂竹帛而铭鼎彝。今乃出长吉，文章秀美。而竟不超显赫，何也。或曰火星太旺，非四木之所能当，故连秀而巫天，上下前后，皆火星故也。嗟夫，此不知造化者耳，火既生土，重重高厚，土能生木，木之下复土间之，而后出为火穴，何

玉髓真经

火旺之有。

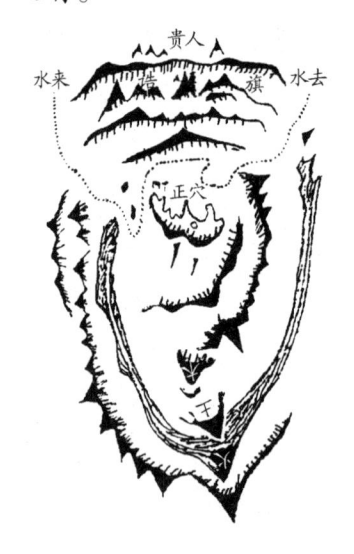

凤凰展翅形

盖此合当下左翅肩。李长吉之祖，所以下右翅肩者。其一贪朝水在前。其二贪秀峰回重在前。其三是后枕主峰。其四是丁向可善。以世俗观之，长吉之穴为是矣。然所成就只如此，则其理可见。盖所贪者小，而所失者大，故也。

若左翅肩一穴，则众善毕集，与右肩迥别。其一是近案当中起顶扩两傍停匀。其二是穴后有鬼星可证，的然无疑。其三是第三重案，起两小尖在两傍，而右穴只见侧面一尖。其四是第三案有方峰在右，尖峰在左，亦停匀。其五是大贵人在第四重，当中耸立，旗山在右，诰轴在左。其六是帘幕端正，在贵人之外为帷幕。其七是一双峰一尖峰，在外阳大贵人之左右。其八是朝水横逼，从右手萦回拱揖，若不忍心去，而又不见其去。汇集以上八善，岂不胜于右穴耶，世之学者，当知朝应之法，以近案为先。近案以当中独立者为贵，盖近案取其内，况又中心近峦。若不端的，则取贵人之特立无俦者为尊正。出而多者，曹从也。今左方独一贵人特立而大，众峰皆不能比，岂不尊贵，虽不当主峰，而有鬼为证，又何足疑。此三者，又非右肩之比，而为八者之最奇也，右穴既非得正，然龙气本秀，故亦出文章之名。然不得其正，则单脉易歇，故不永年而夭，真是可惜哉。本图云，左肩穴未选。然不知道后来有无识者所取用，所恨不见此地白白生恨耳，长吉官止协律郎，年二十七而卒，观此可知穴法，故并录放后人也。

按：可见此地也被蔡氏看上眼，能让他羡慕的真不容易。

翔鸾舞镜形

□下翅肩穴，以镜取之。

此孙氏祖。高科侍从中书。

发挥曰：按刘氏祖谈云。唐代孙逖祖也，孙逖曾任刑部侍郎、太子左庶子、少詹事等职。文藻宏丽，传说张九龄阅其文稿，反复推敲，一字未能改动。科选中书舍人，子成为刺史，此地通身是火，而文章清显。又见以李长吉之祖，非火之罪，乃穴之失也，故穴不可不察。

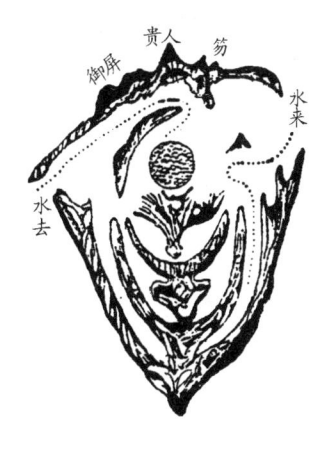

翔鸾舞镜形

翔鸾饮水形

翔鸾饮水形

□下翅稍穴，以中脉穿后峰。前后沙取之。

此袁相公祖。高科登第，正拜，荫子孙，一门朱紫，仕宦十余世不绝。

发挥曰：此与前图不甚相远。而贵爵之崇卑不同，何也。前图以入穴龙偏，不如此穴主峰之正。前图前砂虽有奇峰朝应，不如此穴特峰之秀。又有笏峰屏山之在左右也，而三台特起为父母，又非前穴之比，即此可见轻重之别。

栖凤理翅形

□一下冠穴，以其兜逼，而就宽平取之。

此许侍讲祖。登第，中异科升朝，其下翅肩者，略发财而已。

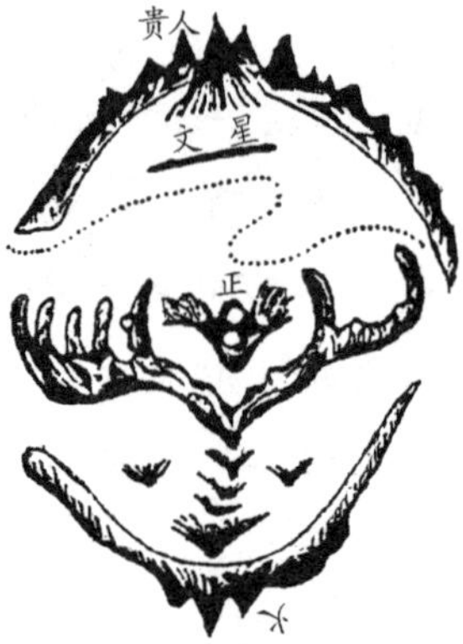

玉髓真经

凤凰啄粟形

□下喙穴，以啄粟之情取之。

此畅氏祖。双荐同科侍从，急流勇退，尊为帝师，子孙荣显，一王三公，长位出人自刑。

栖凤理翅形

凤凰啄粟形

发挥曰：按刘氏祖谈。许康佐祖也，举进士宏词。连中之后，为翰林学士侍讲。贵在本身穿心开障，全带火曜。前砂文武，蛾眉一字重见。贵人特立，贵人身后无障。祖龙火星以倍身，星辰榄前。然后开曜。故止于翰林侍讲而已。穴法本下翅肩。以凤喙兜入怀逼窄，故不如下凤冠者。在外明堂气象宽宏，平野旷远。蛾眉一字，两重文星贵人耸立者之为胜。盖肩穴，左贵人或可见。蛾眉一字必不后见，此又穴法轻重当否之别也，加以二穴收凤喙为白虎，则白虎尖射记腰，亦当有祸患，特此非正穴。经文又不复纪载耳，今下冠，则皆无此等神煞矣。

发挥曰：五代时。畅志道祖也，长位自刑者。以左胁有尖刃在内。故主刑害。盖畅氏以赃败自杀，然远案是水。亦非穴利，恐刑伤不只乎此，第后来不显，不复见纪载耳。

凤凰理翅形

□下翅肩穴，以玉架贵人之中取之。

此孔氏祖。一族累世登科升朝，前后八十余人过府。拜相各四人，但入仕则寄居外州，隋唐之间最盛。

发挥曰：唐孔若思之族最盛，或以明经，或以制科，然过府拜相。此在隋代去乡，以左手反出，右手过直耳，然仕宦多出外寄寓，不必论此。

凤凰理翅形

金鹅抱卵形

□下卵靥穴，以不损卵之应取之。

此曹氏祖。小位先损人丁，长位先发，出入请举登第，小位后发，亦请举登第，中位出妇人堕胎，不旺人丁，后亦有人请举，不登科，官皆止于州县僚佐。上一穴卵心者，不利。

金鹅抱卵形

发挥曰：卵凿心则伤，凿靥则但取气耳。中位堕胎者，以前砂大山下有小堆阜，是堕胎故也。鹅之形，多土星所变，其火金星所变。然土多而金少，间有火曜者。非火星，多金曜也。此则金星间水，故秀。若全金，则武，金土，则富而已，鹅雁鹤相类，肥而长者鹅也，肥而短者雁也，清瘦而高者鹤也，如此则三者之形分矣。鹅之应，卵谷粟草池塘湖港也。大凡横龙过处，中落一节。若别起星峰，虽一二节。亦可作穴，若不起峰，则无龙脉。不可迁穴，此地于横龙中间。曲出一峰，仍别起星辰，即出穿心三重而入穴，故能致科

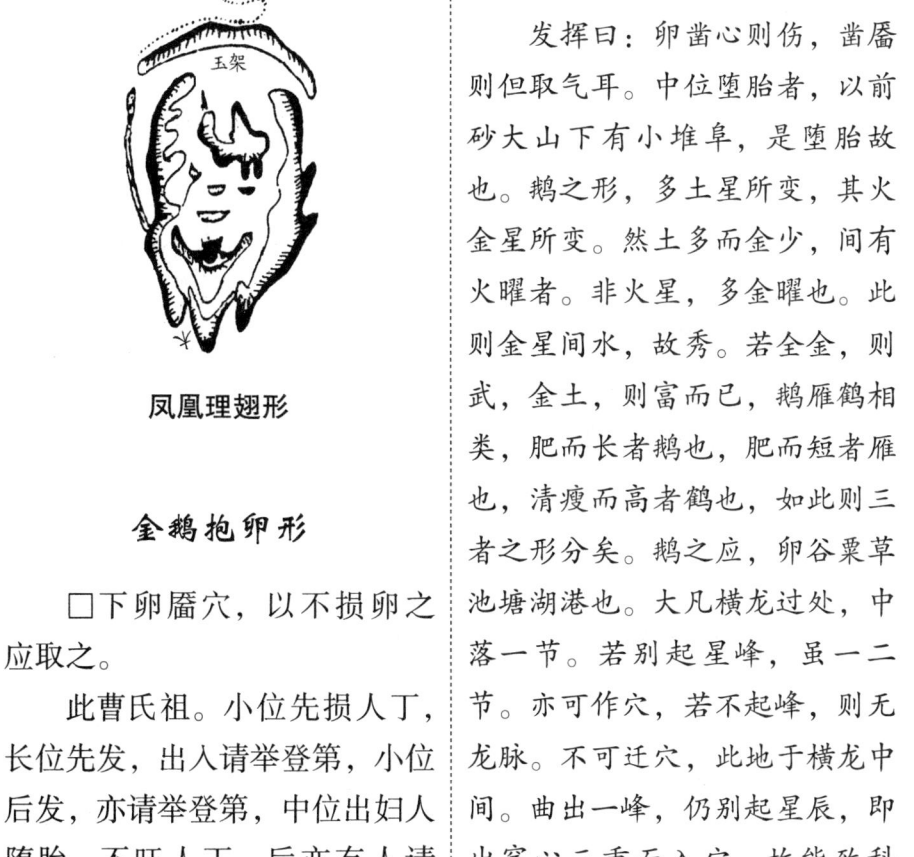

第而进士。若非别起星辰，不作穿心，亦必无正脉，不过散脚上虚花假穴耳，如此，则断不可下。

金鹅就食形

□下鼻中穴，以食情取之。

此啖氏祖。出别驾，间有登科者，多请举推恩，后代亦有升朝者。

发挥曰：鹅食，则鼻息通气，故下鼻中穴。其贵者，以水间全。

其不显者，以龙偏斜。穴又斜入，所喜有鬼证之，前砂端贵也。

仙鹤搏空形

□下翅肩穴，以抟飞之势取之。

此尹氏祖。三科及第过府，子孙皆至台谏，科第续续不绝，仕宦相踵。

发挥曰：此地命形最巧，而真非得形象之玄妙者不能也，穴法亦无以易之。

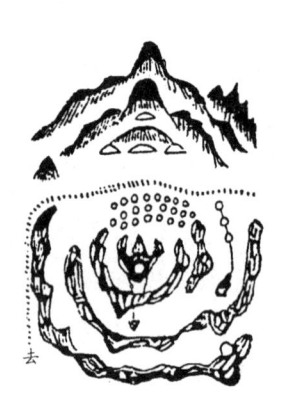

金鹅就食形

仙鹤搏空形

飞鹤饮水形

□下鼻穴，以饮水之情取之。

此马氏祖。八代仕宦不绝，一门登第，仕皆至执政三公，兄弟同朝。

发挥曰：八代。鲁、宋、齐、梁、陈、隋、唐。怀素，犹其孙支一脉也。此地自祖宗起三台，变泰阶六符，又穿三台星，始变土生火，重重贵气，宜其一门贵盛，更历八代而不替，信哉。鹤形清瘦，带火焰，其应，仙人贵人祥云日月药寮龟鹿芝草等类。

飞鹤饮水形

其穴，则眼鼻啄嘴翅膀等下之，鹤不可下颔项，此穴在鼻，以饮水取气盛处耳。但世俗之见，必以龙虎直，乳头斜曲少之。夫有贵龙如此，朝应如此，焉得而不入相，虽更硬直斜曲，亦不容弃。夫龙虎直，乳头曲，不足为地之病，惟恐龙气不真，朝应不正，山水不交会。虽龙虎端正，乳头圆整，此地必少神气，不可下也。若龙真而贵，朝专而正，水平而正，望之自有神气。草木滋长，土脉膏腴，偏斜曲侧，乃造化之奇也，岂容以常法论哉。定穴之法，专于怪处留意，所以开世俗之惑也。

飞鹅趁浴形

□下鼻穴，以浴水之势取之。

此黄氏祖。出人请举，不及第，仕宦亦不绝，多由武选，然亦不显，家则富厚。

发挥曰：不及第，以武显者，金星也。富厚者，土星也。不超达者，土星也。前砂，亦无火贵之应。

飞鹅趁浴形

金鹅饮水形

□下翅膀穴，以饮水之势取之。

玉髓真经

下陛相公祖，登第过府。

发挥曰：以金变火则可，以土出金则害。此以金而变火，火生土，鹅亦土穴也，以火之土，故有曜。故秀而贵前砂相应，澄潭停洿，故贵而显。

金鹅饮水形

麒麟瑞应形

□下角根穴，鳞角主人。以顶平而角峻取之。

此地出寿者，相传郑相公祖。卧草断碑之上云，七世登科。侍从过府，子孙有至三公者。不见全备，无所可见。

发挥曰：麒麟，仁兽也，圣主在上，天下治平则见。其穴，下角根，下额，下山根，足距等处，其为仁也。角不触，趾不践生物，故穴亦取之。其应。贵人，鸾凤，龟龙，玉栏，金锁等类。此穴以土星上出火星，山顶低平，故取用角根穴。以前朝宝殿贵人应之，故富贵绵远而穹显。木星只露一脚，非偏枯。背面亦必有对出之脚，但龙既平过，观者，无容见背面之脚耳。

麒麟瑞应形

犀牛望月形

◇犀牛望月形一

□下鼻穴，以望月取之。下苟氏祖，出侍从执政。

发挥缺

◇犀牛望月形二

□下左眼穴，以龙脉及朝

应取之。

下王氏祖。晋之名家，三公执政，下一穴，出小官，长位绝。

发挥缺

犀牛望月形一

犀牛望月形二

犀牛出水形

□下鼻孔穴，以水舒气取之。

下卫氏祖。侍从过府。

发挥曰：出水之形，惟有鼻穴可下。经所谓舒气取之，是也。

犀牛入水形

□下角根穴，以入水没形，气萃于角取之。

下苏刺史祖。出郡守，监司，侍从。中一穴贫，下一穴绝。

发挥曰：入水与出水之穴不同。天渊之隔，下鼻观，则鼻已入水，下山根，则气不聚。犀牛与耕牛不同，入水，则头皆没于水，故辟水在气，气萃于角，惟角根是穴也。

出田牛形

□下峰颖顶堆穴，以出田之情取之。

下谢氏祖。晋朝名家，执政三公。

发挥曰：牛之力，在峰颖，故下此穴。牛之应，犁、鞭、萦、浆、塘、草池、平野、牧奴等，取之。穴则有鼻、眼、峰、堆、蹄、角、耳、腹之类，看取

玉髓真经

应如何。

犀牛出水形 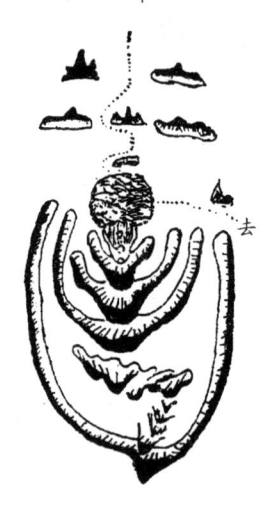　　犀牛入水形 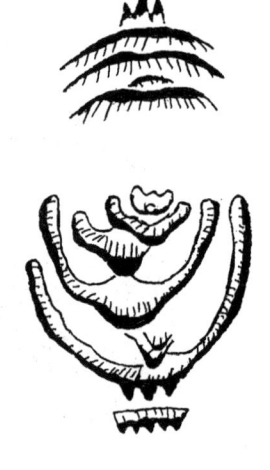　　出田牛形

金牛牵车形

□下峰颖穴，以车犁地取之。　根

下李氏祖。双荐登科，三公侍从，执政勋臣。

发挥曰：此穴最难排顿，以顶上峰颖取之，确如也。

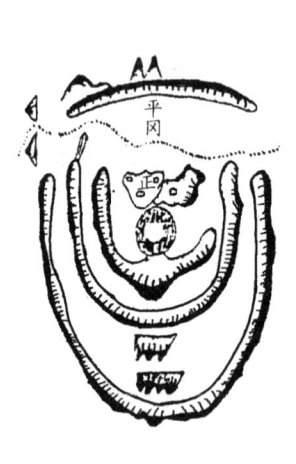

金牛牵车形 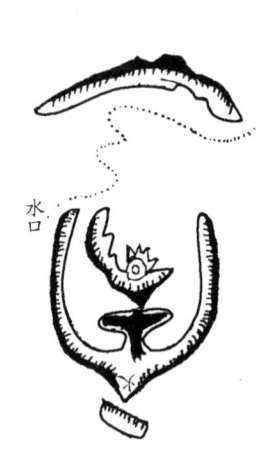　　金牛转车形 　　出栏牛形

金牛转车形

□下车盘穴，以牛在后取之。

上丘长者祖。富而豪爵，三世后有人登科。

发挥曰：牛旋转在车后，所以下车心转轴处。登科者，以后龙大穿心，是故不见其显著之述也。

出栏牛形

□下牛鼻穴，以出栏之情取之。

上陆氏祖。状元双第，初出卿监，后出执政，末出三公。

发挥曰：午出栏，必昂头舒气舐鼻，故取鼻穴。通身禄曜，故贵盛。土星传入穴，故绵远也。

斗牛形

□下角心穴，以斗处取之。

下祈大夫祖。巨富，世世豪爵，五世后立功，官至武功大夫。

发挥曰：牛头斗，以角心旋毛相战攻，此取旋毛中穴，为得其正。

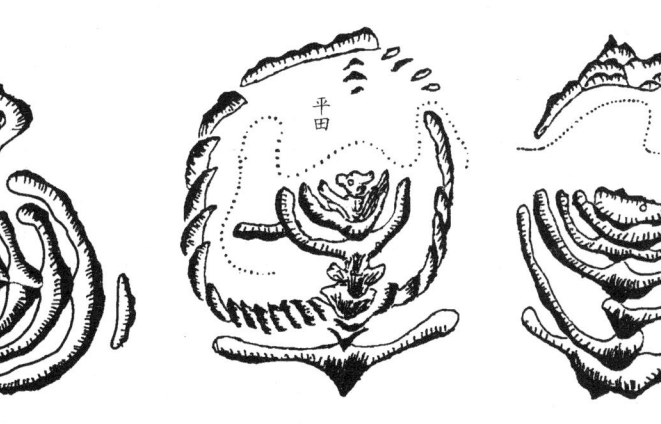

斗牛形　　食草牛形一　　食草牛形二

食草牛形

◇食草牛形一

□下鼻穴，以食情取之。

上韦发运祖。巨富，出监司，

发挥曰：此地无奇特，惟一龙分布，自为营卫，有专制一方之象，所以贵也。

◇食草牛形二

□下颌穴，以转草之处取之。

上顾乡老祖。巨富，不贵。

发挥曰：土星皆非对出，所以不贵。分受入穴，却有穿心，所以巨富。食草牛，堆草案，皆仓库之象，又富局也。

卧牛形

◇卧牛形一

□下颌穴，以回草之情取之。

上时太守祖。出别驾五马，不升朝。

发挥曰：此地又胜于前二图者，以芍药枝龙，是水脚，不升朝者，以分受处，火土皆偏出故也。中间金星水脚，犹有秀气，所以官至五马。夫芍药枝，蒹葭叶，皆木星所变。然芍药枝开三股，长阔则为木。短狭则只是水脚，金带水脚，则有秀气，又胜于全金矣。蒹葭，多带火脚，盖蒹葭之性。其叶本尖，间有火星，马领也，亦蒹葭之叶。然火蒹葭，不如木蒹葭者，以其易变水脚耳，故木星出马领，无有不贵也。不必泥以对生梧桐枝，然梧桐枝形，以为龙中第一贵者。其理易见。今不问名花卉木，对生为贵。凡野生草木花卉，若对节间枝叶者，皆可为芍药，容易取用，无不应效。以此见天地之间，凡对生者，皆受天地之灵气，人之手足筋骨，鸟兽之足翼，皆对生者也。又药中，如粟豆木瓜豆蔻缩砂乌喙五朱大黄黄连黄芩，皆不对生，然却有奇处，终与凡草异，龙之奇者亦然，故马领蜂腰，兼下之玄，平冈平地，拔地特出，皆不可以穿心论。此惟圆机通变，知识过人者，可与语此。

◇卧牛形二

□下颌穴，以回草之情取之。

下安承信祖。以进纳得官，累世巨富。

发挥曰：此地差胜于前者，以土星穿心带仓库，再出金穿心。虽仅有进纳之官，而终不显著，以金土不带秀气，龙多偏重故也。

卧牛形一　　　　　　卧牛形二

番奴驯象形

□下耳穴，以正朝应取之。

上郭内相祖。文章盖世，翰林内相。世代五马，其一人下腹穴。当代登科，官至典郡，生三子，皆早夭，后绝。

发挥曰：腹穴非不可下，但凿腹者必死，加以左右手收拾不齐，胁肠臆逼窄，不如耳穴朝正，后龙亦相应，所以下左者，亦取龙从左来，龙星相也。

伏地蜈蚣形

□下口穴，同定法，五雷案，掣电水谬。

下张氏祖。出贵升朝，人才秀美。

发挥曰：按先人所藏图本，此乃张仕衡祖也。太宗擢为崇贤馆学士，其子大德。隐仪凤中，为太常博士，终礼部侍郎。此地与前图不同者，木星起祖，落为文星。穿为土星，生金入穴。蜈蚣伏地，盖见雷而伏，收脚敛身之状也，左右秀峰并见，然不大显者，以堂局小狭，无外来朝水故也。

玉髓真经

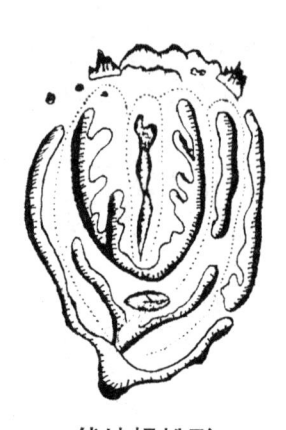

伏地蜈蚣形　　　　　　蜈蚣捕蛇形

蜈蚣捕蛇形

□下穴同定法。

上高氏祖。先世登科升朝，及州府刺史，凡五十余人，七世执政，三世拜相，封王袭爵，受九锡最高礼节，奕世不绝代，代代显贵。

发挥曰：高欢，北齐神武帝也，此其家之祖坟。此龙力量弘广，布置精巧，暖带部属多，故此小穴，皆随带，非分散力量之比，凡蜈蚣形，此最得其正体也。

蜘蛛结网形

□下口穴，微入取之。

此龙氏祖。兄弟同时登科，同时升朝，室至卿监，子孙代不乏人。

发挥曰：经云，下口穴。微入取者，蜘蛛形小而口浅，故微凿开石口。纳一半之枢，以接气脉。另用土培起藏之，故曰微入。田龙之地，有石脊隐见可辨者，不然，亦有土堆阜引证，而暗有石脚也。

蜘蛛放丝形

□下穴同定法。

下阳当祖。刺史专城。

发挥曰：按当擢进士第，为太常博士，迁果州刺史。此地木得土，土变水脚，但龙穿落处，不精细肥嫩，故官止于刺史

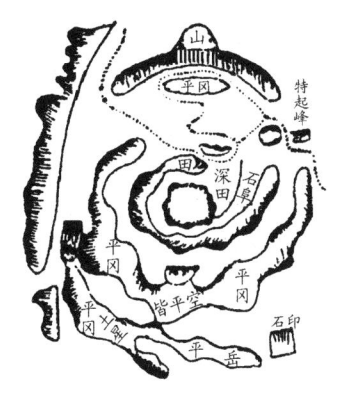

而已。

蜘蛛结网形　　　　　　　蜘蛛放丝形